신들의 세계

주니어 RHK

일러두기

이 책은 SBS에서 방영된 애니메이션 〈올림포스 가디언〉의 스토리북 《그리스 로마 신화 올림포스 가디언》을 재구성한 초등 필수 인문 교양서입니다.

신화적 가치

신화는 한 민족의 기원이나 역사적·종교적·문화적 삶의 모습을 보여 주는 옛이야기입니다. 주로 신과 영웅에 관한 이야기가 많고, 오랫동안 입에서 입으로 전해 내려왔다는 특징이 있지요.

우리가 살펴볼 그리스 로마 신화는 고대 그리스와 로마에 전해 오는 신화와 전설을 한데 묶은 것입니다. 그리스 로마 신화는 고대의 삶을 엿보게 해 주는 문화유산일 뿐만 아니라, 세계 여러 나라의 문학과 미술에 큰 영향을 끼쳤습니다. 하지만 문화적 가치만큼이나 중요한 것이 또 있습니다. 오래된 옛이야기이면서도 거기에 담긴 교훈적 가치가 오늘날에도 여전히 쓸모 있고 중요하다는 사실입니다.

놀랍지 않나요? 수천 년 전의 이야기가 어떻게 과학 문명이 고도로 발달한 오늘날에도 통하는 것일까요? 그것은 바로 그리스 로마 신화에 나오는 신과 영웅의 모습이 오늘날 우리의 모습과 다르지 않기 때문입니다. 신들도 우리처럼 분노하고, 질투하고, 실수를 하지요. 그런 모습을 보면서 우리는 깔깔 웃거나 눈물을 흘리고, 교훈과 감동을 얻습니다. 우리가 그리스 로마 신화를 읽어야 하는 까닭이 바로 이것입니다.

신화의 세계로 떠날 여러분에게 한마디 덧붙이자면, 신화는 우리에게 끝없는 상상력을 요구한다는 점입니다. 신화 속에는 수많은 은유와 상징이 곳곳에 널려 있지요. 따라서 신화를 읽을 때에는 상상력을 최대한 발휘하여 신화 속에 숨겨진 의미를 찾고, 그것을 자기 나름대로 재해석하는 과정이 필요합니다. 이렇게 읽었을 때에야 비로소 여러분 앞에 놀라운 삶의 이야기가 펼쳐질 것입니다.

자, 그럼 흥미진진한 신화의 세계 속으로 함께 떠나 볼까요?

주요 등장인물

제우스
올림포스 신들의 왕으로
하늘과 벼락의 신이에요.
크로노스로부터 형제들을 구해 낸 뒤,
티탄족과의 싸움에서 승리해
신들의 왕이 돼요.

레아
크로노스의 아내이자
제우스의 어머니예요.
자식을 낳을 때마다
크로노스가 삼켜서 고통을 받아요.
제우스를 구하려고 크로노스를 속여요.

아테나
제우스의 딸로
전쟁과 지혜의 여신이에요.
프로메테우스가 만든 인간에게
영혼을 불어넣어 주었어요.

포세이돈
바다의 신으로,
제우스와 형제 사이예요.
제우스가 티탄족과 싸울 때 그를 도와
싸움을 승리로 이끌어요.

크로노스
땅의 신 가이아와
하늘의 신 우라노스의 아들로,
제우스의 아버지이기도 해요.
성격이 난폭하고 폭력적이에요.

프로메테우스
티탄족이지만, 제우스를 섬겨요.
자신이 창조한 인간을 사랑하여
제우스 몰래 불을 전해 주고,
그 때문에 큰 벌을 받아요.

에피메테우스

프로메테우스의 동생으로,
깨달음이 늦고
충동적인 성격을 지녔어요.
이름의 뜻은 '나중에 생각하는 자'예요.

판도라

제우스의 명령으로
헤파이스토스가 만든 최초의 여자예요.
절대 열지 말라고 한 상자를 열어
세상에 온갖 불행을 퍼뜨려요.

데우칼리온

프로메테우스의 아들로,
아버지의 명령에 따라
배를 만들어 홍수 속에서 아내와 함께
유일하게 살아남아요.

피라

데우칼리온의 아내로,
남편의 말을 잘 따라요.
홍수에서 살아남아 남편과 함께
세상에 다시 인간을 탄생시켜요.

아프로디테

아름다움과 사랑의 여신으로,
올림포스의 여신들 가운데
가장 아름다운 여신으로 꼽혀요.

헤라

제우스의 아내로, 올림포스의 여신들
가운데 가장 높은 여신이에요.
결혼의 여신으로, 질투심이 많아요.

파리스

트로이의 왕자임에도 자신의 신분을
모른 채 평범한 양치기로 살아요.
제우스의 눈에 띄어 가장 아름다운
여신을 선택하게 돼요.

에리스

불화와 다툼의 여신이에요.
테티스의 결혼식에
자기만 초대받지 못하자 화가 나서,
다툼의 원인이 되는 황금 사과를
결혼식장에 몰래 두고 나와요.

차례

주요 등장인물 　4
프롤로그 　7

1장	**세상의 시작, 제우스의 탄생** ·················· 8
2장	**프로메테우스와 판도라** ·················· 60
3장	**가장 아름다운 여신** ·················· 104

부록　미로 찾기 140　　나만의 컬러링 141　　올림포스 신들의 계보 142
　　　그리스 로마 신화 주요 인물의 이름 143

프롤로그

우리가 살고 있는 이 세상은
어떻게 시작되었을까요?
하늘은 어떻게 생겨났고, 땅은 어떻게 만들어졌을까요?
그리스 신화에 따르면 이 모든 것은 '카오스'로부터 시작됩니다.
자, 그럼 세상이 어떻게 생겨나고,
신과 인간, 동물이 어떻게 탄생하게 되었는지
함께 알아볼까요?

1장
세상의 시작, 제우스의 탄생

상상할 수도 없이 까마득히 먼 옛날, 세상에 살아 있는 것이라고는 아무 것도 없던 때가 있었습니다. 모양도 색깔도 없이 모든 것이 뒤섞여 그저 막막하게 퍼진 덩어리만 있었지요. 이 상태를 '카오스'라고 합니다.

그러던 어느 날, 이 카오스 속에서 어둠의 신 에레보스와 밤의 여신 닉스가 태어났습니다. 그리고 이 두 신은 낮의 신 헤메라와 공기의 여신 아이테르를 낳았습니다. 이렇게 해서 세상에 밤과 낮, 어둠과 밝음이 생겨났습니다.

우주의 기원 '카오스'

모양도 질서도 없이 모든 것이 뒤섞여 막막하게 퍼진 상태를 '카오스'라고 해요. 고대 그리스인들은 이 카오스에서 우주가 생겨났다고 믿었어요. 카오스는 본디 '입을 벌리다'라는 뜻이에요. 입 속처럼 어둡고 텅 빈 곳을 말할 때 카오스라고 했어요. 카오스와는 반대로 질서 있고 조화로운 우주는 '코스모스'라고 해요.

세상은 점점 모습을 갖추어 갔습니다. 가벼운 불과 공기는 위로 올라갔고, 무거운 땅은 아래에 자리를 잡았지요. 그리고 물은 땅을 감싸 안았습니다.

땅은 곧 스스로 생명을 얻어 가이아라는 여신이 되었습니다. 가이아가 위로 솟구치자 하늘의 신 우라노스가 태어났습니다. 가이아와 우라노스는 곧 새로운 생명을 낳기 시작했습니다.

가이아가 하늘을 향해 등을 구부리자 부드럽고 따스한 초록빛 언덕이 생겨났습니다. 그리고 그 언덕에서 거인족 티탄이 태어났지요.

열두 남매인 티탄 가운데에는 힘이 무척 센 크로노스와 아름다운 레아가 있었습니다.

가이아는 또 팔이 백 개나 달린 모습이 흉하고 괴상한 괴물 삼형제 헤카톤케이레스와 이마 한가운데에 눈이 하나 박힌 키클롭스도 낳았습니다. 이들은 모두 힘이 세고 성질도 어찌나 거칠고 사납던지 끝없이 서로 싸우고 으르렁거렸습니다. 그러자 우라노스는 괴물 같은 자식들을 땅속 깊은 곳에 있는 타르타로스에 가두어 버렸습니다.

우라노스가 자식들을 가둔 땅속은 곧 가이아의 배 속이었습니다. 그러자 가이아의 고통은 이루 말할 수 없었습니다. 자신의 몸속에서 끝없이 되풀이되는 싸움 때문에 배가 아팠기 때문이지요.

"우라노스, 제발 내 배 속에서 아이들을 꺼내 주세요."

가이아는 우라노스한테 도와 달라고 부탁했습니다. 하지만 우라노스는 가이아의 호소를 들은 척도 하지 않았습니다. 고통을 참다못한 가이아는 티탄들 중 가장 힘이 센 크로노스를 불러 부탁했습니다.

"크로노스야, 난폭하고 제멋대로 구는 네 아버지로부터 나를 좀 구해다오."

하지만 크로노스는 어머니와의 약속을 어기고 괴물 형제들을 어머니의 몸속에서 꺼내 주기는커녕 더 깊은 곳으로 몰아넣었습니다.

화가 난 가이아는 크로노스에게 이렇게 예언했습니다.

"네가 아버지 우라노스한테 했듯이 네 자식도 너를 몰아낼 것이다."

티탄들은 서로 결혼하여 여러 신들을 낳기 시작했습니다. 크로노스도 레아와 결혼을 했습니다. 그런데 아기가 태어날 때가 되자 크로노스는 은근히 걱정이 되었습니다.

바로 가이아의 예언 때문이었지요.

시간이 흘러 레아가 아들을 낳자, 크로노스는 아기를 꿀꺽 삼켰습니다.

"내 자식들은 모두 내 배 속에서 키우겠어."

"크로노스, 제발!"

레아가 아무리 애원을 해도 크로노스는 태어나는 아기마다 삼켜 버렸고, 그의 배 속에는 어느새 다섯이나 되는 자식들이 갇혔습니다.

'아, 이 아이마저 크로노스의 배 속에 들어가게 할 수는 없어.'

레아는 여섯 번째 아이만큼은 꼭 구하고 싶었습니다. 그래서 가이아와 의논을 했습니다. 가이아는 아기를 구할 방법을 가르쳐 주었습니다.

며칠 후, 레아가 여섯 번째 아기를 낳았습니다. 레아는 가이아가 가르쳐 준대로 아기 대신 커다란 돌을 포대기에 싸서 크로노스에게 주었습니다. 크로노스는 확인도 하지 않고 돌덩이를 허겁지겁 삼켰습니다.

레아는 빼돌린 아기를 요정들한테 맡겨 기르게 했습니다. 이 아기가 바로 훗날 신들의 왕이 되는 제우스입니다.

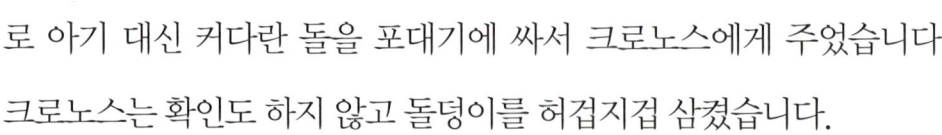

제우스는 요정들의 보살핌 속에서 엄마 젖 대신 산양의 젖을 먹으며 무럭무럭 자라났습니다. 제우스를 숨겨서 키우기란 쉬운 일이 아니었습니다. 울음소리가 너무나도 크고 힘찼기 때문이지요. 아기가 울 때마다 요정들은 동굴 밖에서 방패를 두들겼습니다. 크로노스의 귀에 아기 울음소리가 들리지 않게 하려는 것이었습니다.
　어느덧 제우스는 키가 무척 크고 힘이 아주 센 건장한 신으로 자라 누가 봐도 믿음직스러웠습니다.

그러던 어느 날, 제우스는 요정들로부터 자신의 탄생을 둘러싼 비밀을 듣게 되었습니다.

'이럴 수가! 내 형제들이 크로노스의 배 속에 있다니! 내 형제들을 당장 구해야겠어.'

제우스는 주먹을 불끈 쥐며 이렇게 다짐했습니다. 하지만 무엇부터 해야 할지 알 수가 없었습니다. 고민 끝에 제우스는 정의의 여신 테미스를 찾아갔습니다.

"테미스 여신님, 저는 크로노스의 배 속에 갇혀 있는 제 형제자매들을 구하고 싶습니다. 저를 도와주십시오."

제우스가 간절히 부탁을 하자 테미스는 토하는 약을 만드는 법을 가르쳐 주며 이렇게 말했습니다.

"그 약을 크로노스의 음식에 타서 먹여라. 그러면 배 속에 있는 네 형제들을 토해 낼 것이다."

제우스는 숲으로 가서 약초를 뜯어 약을 만들었습니다.

제우스는 크로노스의 궁전에서 어머니 레아를 만났습니다.

"어머니!"

가이아의 귀띔을 받은 레아는 제우스가 올 것을 알고 있었습니다.

"그래, 제우스구나. 이렇게 훌륭하게 자라다니……. 내가 이렇게 성장한 아들을 만나다니 기쁘구나."

레아는 눈물을 흘리며 제우스를 끌어안았습니다.

"어머니, 이젠 더는 울지 마세요. 제가 크로노스로부터 형제자매들을 모두 구해 내겠습니다."

"그래. 그렇게만 된다면야 내가 뭘 더 바라겠니."

레아는 눈물을 훔치며 말했습니다.

"여기 방법이 있어요. 기회를 보아 이 약을 크로노스의 음식에 넣으세요. 이 약이 형제자매들을 구해 줄 거예요."

레아는 제우스가 준 약병을 받아 들고는 제우스를 궁전 깊은 곳에 숨겨 주었습니다.

제우스에게서 약병을 받은 레아는 호시탐탐 크로노스의 음식에 약을 탈 기회를 엿보았습니다. 어느 날, 드디어 레아는 크로노스의 눈을 피해 음식에 약을 탈 수 있었습니다. 아무것도 모르고 맛있게 먹던 크로노스는 갑자기 음식을 토해 내기 시작했습니다. 토하는 소리가 어찌나 큰지 세상이 다 흔들릴 지경이었지요.
"으웩! 웩!"

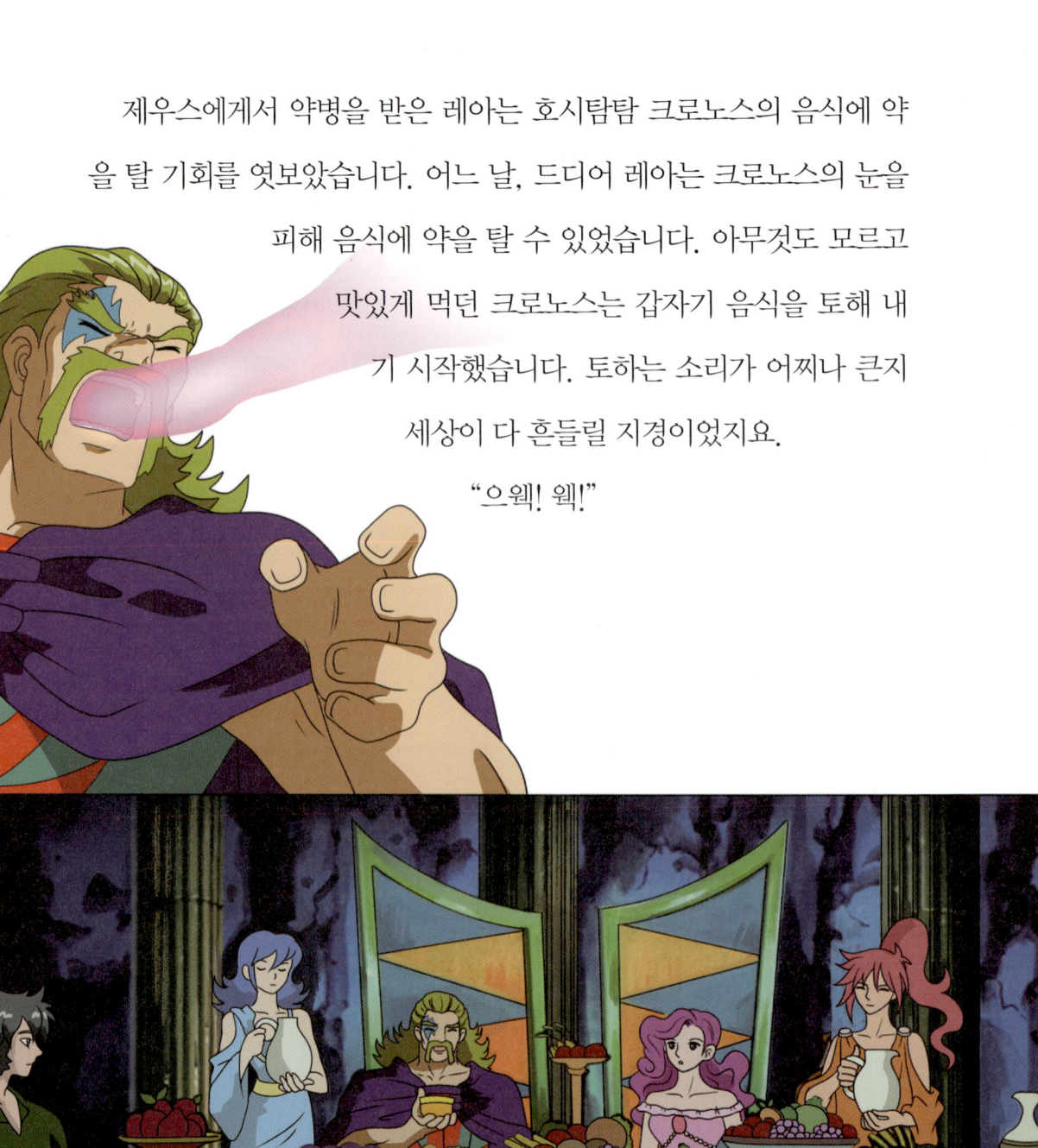

토할 때마다 크로노스의 입에서는 그동안 갇혀 있던 제우스의 형제자매들이 하나씩 튀어나왔습니다. 크로노스는 제우스를 대신한 돌을 토해 낸 다음, 포세이돈, 하데스, 헤라, 데메테르, 헤스티아를 차례로 토해 냈습니다. 모두 토해 낸 크로노스는 레아를 향해 불같이 화를 냈습니다. 하지만 레아는 이미 어디선가 나타난 제우스의 보호를 받고 있었습니다. 크로노스는 곧 제우스를 알아보았습니다.

제우스는 형제자매들을 데리고 올림포스산으로 가서 궁전을 짓고 그곳에서 함께 살았습니다.

"감히 나를 속이다니!"

크로노스는 화가 나서 견딜 수가 없었습니다. 크로노스는 자신의 형제들인 티탄들을 모두 불러 모았습니다.

"올림포스산에 있는 자식들이 언젠가는 나를 쫓아내고, 세상을 지배하려 들 거야. 저들의 힘이 더 세지기 전에 없애 버리자."

티탄들은 모두 크로노스의 의견에 찬성했습니다. 티탄들도 제우스와 그 형제자매들의 힘이 커지는 것을 걱정했기 때문입니다. 하지만 티탄들 가운데 프로메테우스와 에피메테우스는 생각이 달랐습니다.

티탄들이 곧 공격해 올 것이라는 소식을 들은 제우스는 하데스, 포세이돈, 헤스티아, 데메테르, 헤라와 의논을 했습니다. 하지만 자신들의 힘만으로는 티탄을 상대하기가 힘들다는 의견이 모아졌습니다. 제우스와 형제들은 잔뜩 걱정을 하며 고민에 휩싸였습니다.

제우스는 생각 끝에 다시 테미스를 찾아가 도움을 청했습니다. 테미스는 잠시 생각에 잠기더니 입을 열었습니다.

"우라노스와 크로노스 때문에 외눈박이 키클롭스와 팔이 백 개 달린 헤카톤케이레스 형제가 타르타로스에 갇힌 것을 알고 있느냐?"

"어머니께 들어서 알고 있습니다."

"그래, 그럼 그들에게 도움을 청해 보거라."

제우스와 형제들은 가이아의 도움을 받아 타르타로스로 들어갔습니다.

"티탄족이 저희를 공격하려 합니다. 저희들을 도와주십시오."

"우리를 이곳에서 나갈 수 있게만 해 준다면 뭐든 도와주지."

제우스와 형제들은 키클롭스와 헤카톤케이레스 형제들을 타르타로스에서 구출해 올림포스산으로 데려왔습니다. 무엇이든 만들 줄 아는 재주를 가진 키클롭스 형제는 제우스와 형제들에게 세상에서 가장 멋진 무기를 하나씩 만들어 주었습니다. 제우스에게는 불벼락을, 포세이돈에게는 거대한 파도를 일으키는 끝이 세 갈래로 갈라진 삼지창을, 하데스에게는 머리를 보호하고 모습을 감추는 마법 투구를 선물했습니다.

제우스와 형제들이 싸울 준비를 갖추는 동안 티탄족 쌍둥이 형제인 프로메테우스와 에피메테우스가 올림포스산으로 찾아왔습니다. 이 형제는 우라노스와 가이아가 낳은 티탄 열두 남매 중 다섯째인 이아페토스의 아들들이었습니다.

"우리들은 당신 편에 서서 티탄들과 싸우겠소."

"당신들은 티탄족인데 왜 우리 편이 되겠다는 것이오?"

프로메테우스가 말했습니다.

"우리는 앞으로 당신이 세상의 주인이 되리라는 것을 알기 때문이오."

프로메테우스라는 이름은 '먼저 아는 자'란 뜻입니다. 이처럼 프로메테우스는 앞으로 닥칠 일을 미리 알고 있었습니다. 그래서 싸움에서 이기는 편에 서려고 한 것이지요. 제우스는 이 형제들을 기쁘게 받아들였습니다.

바다의 신 포세이돈

포세이돈은 제우스의 형제로 바다를 다스리는 신이에요. 포세이돈은 파도를 다스릴 뿐 아니라 폭풍을 일으키고 샘을 솟구치게 하는 능력을 가졌다고 전해져요. 청동 발굽과 황금 갈기가 있는 말들이 끄는 마차를 타고 다니며 삼지창을 휘두르는 모습으로 많이 알려져 있어요.

〈바다를 잠재우는 포세이돈〉
랑베르 시지스베르 아담

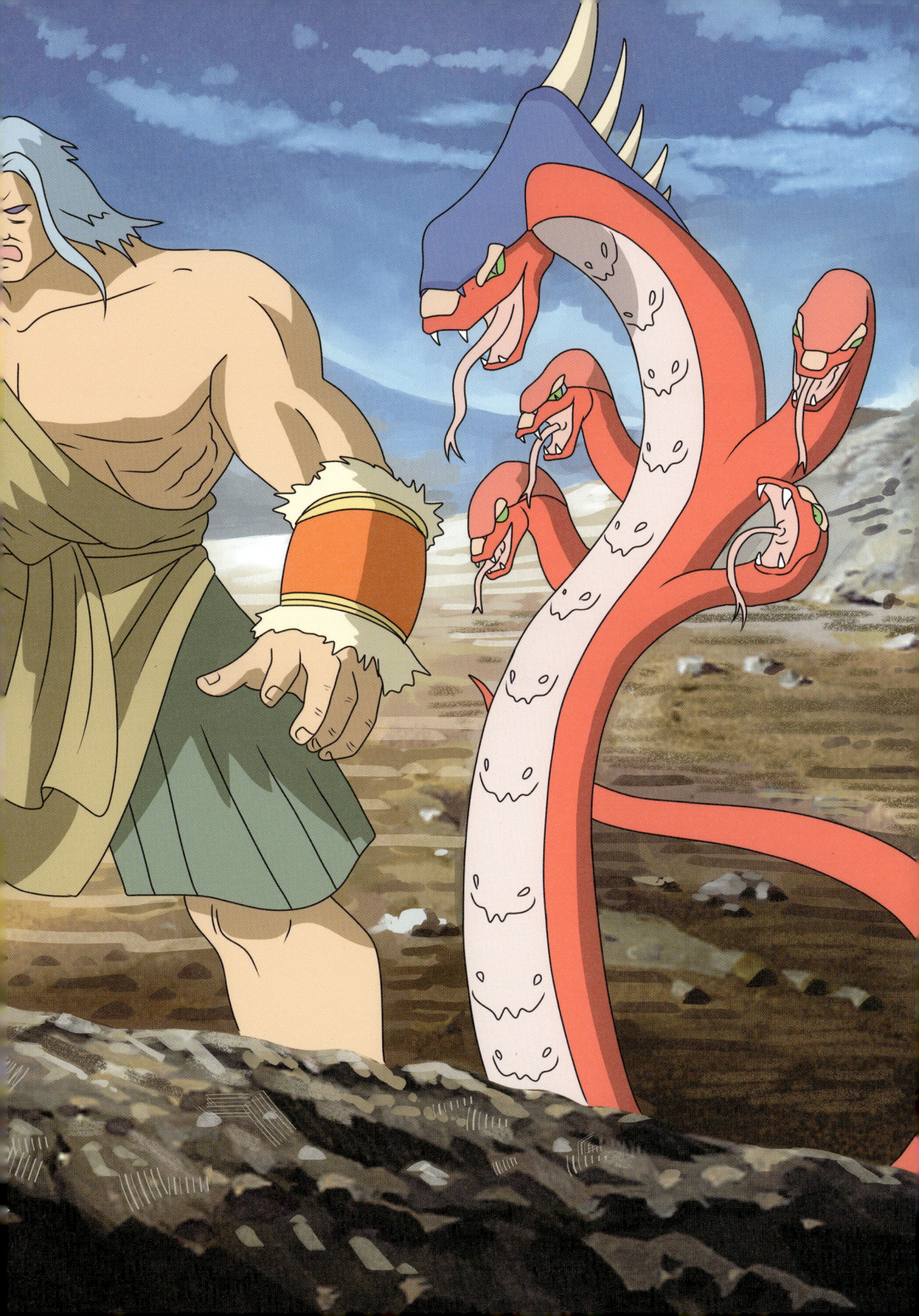

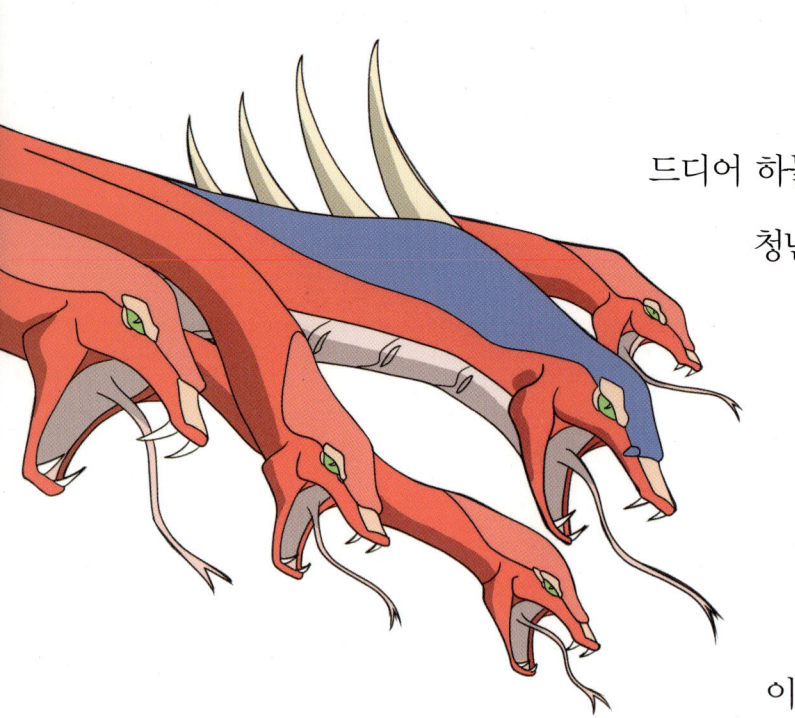

드디어 하늘과 땅의 운명이 걸린 엄청난 전쟁이 시작되었습니다. 제우스는 티탄들을 향해 쉴 새 없이 불벼락을 날렸습니다. 포세이돈은 구름을 만들어 거센 비와 바람을 일으켰습니다. 팔이 백 개나 달린 헤카톤케이레스도 이들을 도왔습니다. 하지만 티탄들도 결코 만만한 상대가 아니었지요. 더군다나 그들 옆에는 거인족 기간테스들도 있었습니다.

어느 쪽이 이긴다고 장담하기 어려울 만큼 두 편으로 갈린 신들의 힘은 막상막하였습니다.

거인족 기간테스

기간테스는 대지의 여신 가이아의 자식들이에요. 전해 오는 이야기에 따르면 크로노스가 아버지인 우라노스를 무찌를 때 우라노스가 흘린 피가 대지에 스며들어 태어났다고 해요. 기간테스는 성미가 사납고 힘이 아주 셌으며, 괴상한 짓만 골라서 했어요. 그중에는 팔이 백 개인 기간테스, 불을 내뿜는 기간테스 등도 있어서 한때는 신들도 두려움을 느낄 정도였지요. 영어에서 거인을 뜻하는 '자이언트(Giant)'는 바로 기간테스(Gigantes)에서 나온 말이에요.

그러다가 제우스가 크로노스의 공격을 받아 위험한 순간에 놓였습니다. 하지만 그때 하데스가 마법의 투구를 쓰고 크로노스에게 접근하여 크로노스를 붙잡았습니다. 때를 놓치지 않고 제우스는 온 힘을 쏟아 불벼락을 던져서 땅을 가르고는 크로노스를 깊은 땅속으로 떨어뜨렸습니다.

신들의 전쟁이 끝나고, 올림포스산에 다시 평화가 찾아왔습니다. 제우스와 형제들은 평화롭게 세상을 나누어 다스리기로 했습니다. 제우스는 태어난 순서대로 보면 막내였지만, 태어나자마자 아버지의 배 속에 들어갔다가 다시 나온 다른 형제들과 견주면 먼저 태어난 것이기도 했습니다. 그래서 신들의 왕이 되어 올림포스산에서 신들의 세계를 다스렸습니다.

제우스의 형이면서 동시에 동생이기도 한 포세이돈은 한 손에 커다란 삼지창을 들고 바다를 다스리기로 했습니다. 포세이돈은 제우스 다음으로 큰 권력과 능력을 가졌습니다. 하데스는 땅 밑에 사는 죽은 자들의 세계를 다스렸고, 여신 헤스티아는 불과 난로를 다스렸습니다. 데메테르는 대지와 곡식의 여신이 되었고, 제우스와 결혼한 헤라는 신성한 결혼을 다스리는 여신이 되었습니다.

올림포스산에 신들이 모여 사는 것과는 달리 땅 위에는 그저 물과 바람, 나무와 땅만 있을 뿐이었습니다.

어느 날, 제우스는 헤라와 함께 세상을 내려다보다가 중얼거렸습니다.

"흐음, 세상이 너무 조용하고 쓸쓸하군. 뭔가 살아 움직이는 것들이 있어야겠어."

"좋은 생각이에요."

아내 헤라도 곁에서 맞장구를 쳤습니다. 제우스는 곰곰이 생각한 끝에 프로메테우스 형제를 떠올렸습니다.

프로메테우스 형제는 손재주가 뛰어나 무엇이든 잘 만들었기 때문입니다. 제우스는 곧 그들을 올림포스 신전으로 불러들였습니다.

"프로메테우스, 에피메테우스! 땅 위 세상이 조용하고 쓸쓸하니 땅에서 살 생명체들을 만들어 보시오."

"이런 큰일을 맡게 되어 영광입니다."

프로메테우스 형제는 제우스의 뜻에 따르기로 했습니다.

프로메테우스는 제우스의 명령에 따라 동생 에피메테우스와 함께 땅으로 내려왔습니다. 이때 제우스의 딸 아테나도 아버지의 명령으로 이들을 따라왔습니다.

"자, 제우스 님께서 당신들이 만들 생명체에게 주시는 선물입니다."

아테나는 프로메테우스에게 제우스가 준 선물 보따리를 건넸습니다.

프로메테우스와 에피메테우스는 무엇을 만들지 한참 고민을 했습니다.

"음, 무엇을 어떻게 만들지?"

"재료는 무엇을 쓸까?"

에피메테우스가 먼저 제안했습니다.

"형, 지금 우리가 밟고 있는 흙으로 뭔가를 만들어 보면 어때? 나무와 풀을 키워 내는 흙이라면 분명히 좋은 재료가 되지 않을까?"

"그래, 흙을 물에 적시면 뭐든 만들 수 있겠구나."

형제는 상상력을 발휘하여 흙덩이를 주물럭거리며 이런저런 모양을 만들어 보았습니다. 하지만 마음에 썩 들지는 않았습니다.

한참 동안 애쓴 뒤에야 드디어 재미있는 모양이 형제의 손에서 하나 둘 만들어졌습니다.

"자, 이것 봐! 어때? 쓸 만해 보이지 않아?"

프로메테우스 형제 곁에 있던 아테나가 말했습니다.

"자, 그럼 이리 주세요. 내가 생명을 불어넣을게요."

지혜의 여신 아테나는 두 형제가 흙으로 빚은 물체에 입김을 불어 생명을 불어넣어 주었습니다. 그러자 그것들이 움직이기 시작했습니다.

"자, 너에게는 공중을 날아다닐 수 있는 날개를 주마."

에피메테우스는 한 물체에 날개를 달아 주었습니다.

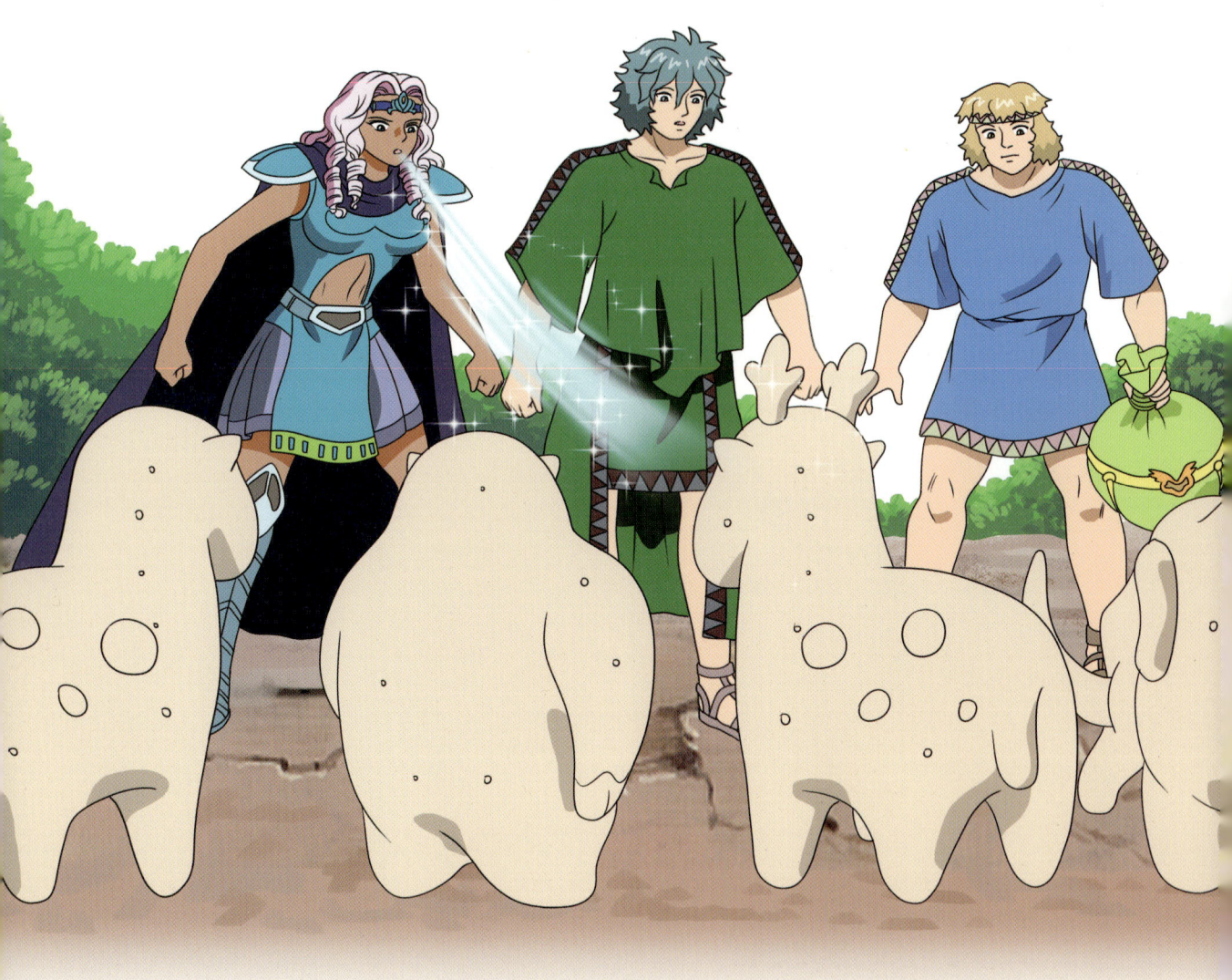

그리고 아테나가 생명을 불어넣자 하늘로 훨훨 날아오르기 시작했습니다.

"좋아, 이제부터 너희를 새라고 부르도록 하지."

프로메테우스는 날아가는 물체에게 이름을 지어 주었습니다.

프로메테우스와 에피메테우스는 열심히 새로운 것들을 만들었습니다. 아테나는 프로메테우스와 에피메테우스가 무언가 만들 때마다 생명을 불어넣어 살아 있는 생명체로 만들어 주었습니다.

에피메테우스는 제우스가 준 선물 보따리를 열어, 자신들이 만든 생명체에게 줄 선물을 하나씩 나눠 주었습니다.

긴 목을 가진 기린, 기다란 코를 늘어뜨린 코끼리, 날카로운 이빨을 가진 호랑이와 사자, 물속에서 헤엄칠 수 있는 지느러미를 가진 물고기 등 가지각색의 특성을 가진 동물들이 이렇게 생겨났습니다.

날이 갈수록 세상에는 점점 더 많은 동물들이 탄생했습니다.

그러던 어느 날, 프로메테우스가 말했습니다.

"아직도 뭔가 부족한 것 같아."

에피메테우스는 손에 묻은 흙을 탁탁 털며 말했습니다.

"뭐가 부족해? 이만하면 충분하지 않아?"

프로메테우스는 다시 무언가를 열심히 만들기 시작했습니다.

"자, 이건 어떠냐?"

"하하. 그건 우릴 닮은 것 같은데."

"됐어! 이걸 인간이라고 부르자. 아테나, 이것도 부탁하오."

아테나가 인간에게 생명을 불어넣어 주자, 프로메테우스는 제우스의 선물 보따리를 뒤졌습니다.

"우리 모습을 좇아 만들었으니 특별한 능력을 주고 싶은데, 제우스 님의 선물 보따리에는 뭐가 남았지?"

"형, 주머니에는 이제 아무것도 남아 있지 않아."

"뭐라고? 그게 무슨 말이야?"

"튼튼한 다리, 날개, 날카로운 이빨을 모두 동물한테 주었잖아."

"이런, 이렇게 어리석을 수가! 우릴 닮은 이들이 아무런 힘도 없다면 어떻게 살아간단 말이냐!"

프로메테우스는 인간들을 바라보며 깊게 한숨을 쉬었습니다.

프로메테우스는 인간들을 둘러보았습니다. 다른 동물들이 가진 털 가죽도, 날카로운 이빨도, 발톱도, 날개도 없는 인간들이 가엾게도 부들부들 떨고 있었습니다.

"아, 이렇게 가엾고 불쌍한 인간에게 도대체 뭘 주면 좋단 말인가?"

두 형제는 머리를 싸매고 골똘히 생각에 잠겼습니다.

"그래! 인간들에게 불을 줘야겠어."

"뭐라고? 그건 말도 안 돼. 불은 신들만이 쓸 수 있는 거라고."

"우릴 닮은 특별한 존재인데, 다른 동물들이 가지지 못한 특별한 것을 주어야 동물을 지배할 수 있지."

"하지만 우리에게는 불이 없는걸. 어떻게 줄 수 있지?"

"제우스 님에게 부탁해 봐야지."

프로메테우스는 올림포스산으로 가 제우스를 찾았습니다.

"프로메테우스, 오랜만이네. 자네가 만든 동물들 덕분에 땅 위가 무척 활기차고 즐거운 세상이 되었더군."

"감사합니다. 그런데 제우스 님께서 주신 선물을 다 써 버려서 정작 우리 신들을 닮은 인간들에게 줄 선물이 없습니다."

"음, 그런가?"

"인간들에게 불을 나눠 주시면 안 될까요? 인간들이 불을 가지면 음식을 익혀 먹을 수 있고, 추위로부터 몸을 보호할 수 있을 것입니다."

"뭐라고? 인간들이 불을 가지면 신들을 우습게 여길 텐데, 불이라니 당치도 않지. 절대 안 돼!"

　　제우스가 강력히 반대하는 바람에 프로메테우스는 그대로 돌아올 수밖에 없었습니다. 프로메테우스는 익히지도 않은 음식을 날 것으로 먹으며 추위에 떠는 인간들의 모습에 가슴이 아팠습니다.
　　"나는 내가 만든 인간들이 무척 사랑스러워. 어떻게 해서든 인간들에게 특별한 능력을 주고 싶어."

한참을 고민하던 프로메테우스는 두 주먹을 불끈 쥐고 일어섰습니다.

'그래, 이 방법밖에는 없어!'

프로메테우스는 곧바로 올림포스산으로 갔습니다. 마침 신들은 모두 잔치를 벌이느라 야단법석이었습니다. 프로메테우스는 살금살금 불이 있는 대장간으로 갔습니다. 그날따라 대장간을 지키는 신 헤파이스토스도 보이지 않았습니다.

'그래, 바로 이때야!'

프로메테우스는 미리 준비해 간 속이 빈 갈대 줄기를 꺼내 불을 한 가득 퍼 올렸습니다.

'드디어 인간들에게 불을 줄 수 있게 되었어!'

프로메테우스는 서둘러서 인간들이 있는 땅 위로 돌아왔습니다.

프로메테우스가 불을 전해 주자, 인간들의 기쁨은 이루 말할 수가 없었습니다. 불로 추위를 이기고, 음식을 익혀 먹을 수도 있으며, 횃불을 만들어 사나운 동물들을 쫓을 수도 있게 되었으니까요. 또 불을 이용하여 도구와 무기를 만들 수도 있었습니다.

인간을 위해 불을 훔치는 프로메테우스

인간을 사랑하고 아끼는 프로메테우스가 신들에게서 불을 훔쳐 달아나는 모습이에요. 여기서는 헤파이스토스의 대장간에서 불을 훔친 것으로 나오지만, 아테나 여신의 마차 또는 헤스티아 여신에게서 불을 훔쳤다고 전해지기도 해요. 그림 속 프로메테우스는 불을 들고 도망을 가면서도 제우스의 눈치를 살피는 듯 하늘을 힐끔 올려다보고 있어요.

〈불을 훔치는 프로메테우스〉 얀 코시에르스

전과는 완전히 다른 삶을 살 수 있게 된 것이지요.
"인간들에게 불을 갖다주길 잘했어."
"그런데 형, 제우스 님이 이 사실을 알게 되면 가만있지 않을 거야."
에피메테우스가 걱정스럽게 말했습니다.
"걱정 마라, 전부 내가 책임질 테니."

프로메테우스도 막상 일을 저지르고 보니 걱정이 이만저만이 아니었습니다. 제우스가 이 사실을 아는 데에는 그리 오랜 시간이 걸리지 않았습니다. 인간 세상을 내려다보던 제우스는 인간들이 불을 쓰는 광경을 보고 노발대발했습니다.

"프로메테우스 이놈! 나를 속이고 인간들에게 불을 가져다주었군. 내 가만두지 않을 테다."

제우스는 머리끝까지 화가 났습니다. 하지만 곧바로 프로메테우스에게 벌을 내리지는 않았습니다.

세상의 시작, 제우스의 탄생

아주 오랜 옛날부터 사람들은 '이 세상은 어떻게 시작되었을까?', '밤과 낮은 어떻게 해서 생겨나고, 계절은 왜 변하며, 생물은 왜 태어나고 자라는가?'와 같은 의문을 끊임없이 가졌습니다.

그리스 로마 신화에 의하면 세상이 시작되기 전 모든 것이 뒤엉켜 아무런 모양도 형태도 없던 카오스에서 밝음과 어둠이 생겨나고, 낮과 밤이 생겨납니다. 땅은 스스로 생명을 얻어 가이아라는 여신이 되었고, 우라노스와의 사이에서 수많은 신을 잉태했으며, 그 신들 중 프로메테우스가 인간과 동물을 창조합니다.

이 이야기는 바로 인간이 근원적으로 가진 천지 창조에 대한 궁금증을 풀어 주는 해답이라고 볼 수 있습니다. 신화 속에서 인간이 신의 모습을 본떠 만들어지고, 다른 생물들보다 월등하게 묘사되는 것은 아마도 이 이야기를 만든 인간 자신이 스스로를 고귀한 존재라 생각했기 때문일 것입니다.

하지만 그럼에도 불구하고 신화 속에 등장하는 인간은 아주 불완전한 존재로 나옵니다. 프로메테우스가 불을 전해 주기 전까지는 나약하고 미개한 존재로 그려지지요. 이 이야기는 그에 대한 답도 제시하고 있습니다. 프로메테우스와 에피메테우스가 인간을 만들 때, 다른 동물에게는 생존에 필요한 능력을 나누어 주었는데, 오직 인간에게만은 나누어 주지 못한 것입니다.

어떻게 보면 인간이 지금까지 이룩해 온 문명은 인간 스스로 이러한 나약함을 알고, 그것을 극복하기 위해 노력한 결과가 아닌가 싶습니다. 비록 프로메테우스의 도움을 받긴 했지만, 그 후 세상을 변화시키고 발전시킨 것은 인간의 의지니까요.

이 이야기는 우리에게 인간이 본디 지닌 나약함을 깨닫게 해 주고, 동시에 그것을 어떻게 극복할 것인가에 대한 물음을 제시합니다.

2장
프로메테우스와 판도라

프로메테우스가 인간들에게 불을 전해 주자, 인간들의 삶은 완전히 달라졌습니다. 음식을 익혀 먹고, 추위에서 벗어날 수 있었지요. 게다가 불을 이용하여 도구도 만들 수 있게 되었습니다.

동물들과는 완전히 다른 삶을 살게 되자 인간들은 점점 교만해졌습니다. 점점 신들을 두려워하지 않고 자기들 멋대로 행동하게 된 것입니다.

'인간들이 저렇게 교만해지다가는 곧 신들을 우습게 알겠군. 저들을 내버려 두어서는 안 되겠어!'

제우스는 인간들을 혼내 주기로 했습니다. 그래서 땅에 비를 내리지 않았습니다. 비가 오지 않자, 인간들의 삶은 엉망이 되었습니다. 인간들은 소를 잡아 제우스에게 제사를 지내기로 했습니다.
　"프로메테우스 님, 안 되겠어요! 이러다가는 모두 굶어 죽고 말겠어요. 제우스 님께 제물을 바치고 빌어야겠습니다."
　프로메테우스는 인간들이 제우스에게 좋은 고기를 바치느라 고생하는 것이 못내 안타까웠습니다.
　"그럼, 이렇게 하도록 해라. 고기 두 더미를 준비해 하나는 좋은 고기로 내장과 뼈를 감싸고, 또 하나는 내장으로 좋은 고기를 감싸서 가져오거라."

프로메테우스는 제우스가 좋은 고기로 겉을 감싼 것을 고르면, 내장으로 감싼 좋은 고기는 인간들에게 줄 계획이었습니다. 프로메테우스는 고기 두 더미를 가지고 제우스에게 갔습니다.

"제우스 님, 인간들이 마음을 담아 제우스 님께 고기를 바치려고 합니다. 어느 쪽을 선택하시겠습니까?"

"흠. 아무래도 내장보다는 좋은 고기가 낫지."

제우스는 프로메테우스의 생각대로 겉을 좋은 고기로 감싼 내장과 뼈를 골랐습니다.

하지만 얼마 안 가 자신이 속았다는 것을 알게 된 제우스는 불같이 화를 냈습니다.

"감히 겁도 없이 올림포스 신들의 왕인 나를 속였단 말이지."

제우스는 불의 여신 헤스티아에게 소리쳤습니다.

"헤스티아, 인간들에게서 모든 불씨를 빼앗아 오너라."

제우스의 명령에 불의 여신 헤스티아는 인간 세상에 있는 불씨를 모두 올림포스산으로 불러들였습니다.

인간들은 프로메테우스가 전해 준 불씨들이 모조리 올림포스산으로 돌아가는 데도 멍하니 보고 있을 수밖에 없었습니다.

인간들은 다시 추위에 떨고, 날고기를 먹으며 지내야 했습니다. 프로메테우스는 제우스에게 불을 빼앗긴 인간들이 가여워 견딜 수가 없었습니다.

프로메테우스는 이제 인간들에게 없어서는 안 될 불을 다시 훔치기로 마음먹었습니다. 그러고는 헤파이스토스의 대장간으로 몰래 들어가 불을 훔쳐 인간들에게 주었습니다. 인간들은 다시금 기운을 찾았지만, 프로메테우스는 제우스가 사실을 알게 되면 어찌 나올지 걱정이 되었습니다.

"에피메테우스, 내게 무슨 일이 생기면 내 아들 데우칼리온을 잘 돌봐 주렴. 그리고 제우스가 선물을 보내도 절대 받지 마라."

프로메테우스는 동생에게 단단히 부탁했습니다.

한편 화가 난 제우스가 소리쳤습니다.

"한낱 인간들 때문에 나를 속이다니! 당장 프로메테우스를 잡아 오너라."

쇠사슬에 꽁꽁 묶인 프로메테우스가 제우스 앞으로 끌려왔습니다.

"프로메테우스, 인간들에게 불을 가져다주려고 또 날 속이다니! 너는 신보다 인간들이 더 좋단 말이냐?"

"제우스 님을 화나게 할 생각은 아니었습니다. 다만 제가 만든 인간들이 너무 가여워서 그랬습니다. 용서해 주십시오."

"용서라고? 너는 벌을 받아 마땅하다."

제우스는 화를 내며 소리쳤지만, 프로메테우스는 제우스가 왜 그토록 화를 내는지 이해할 수가 없었습니다.

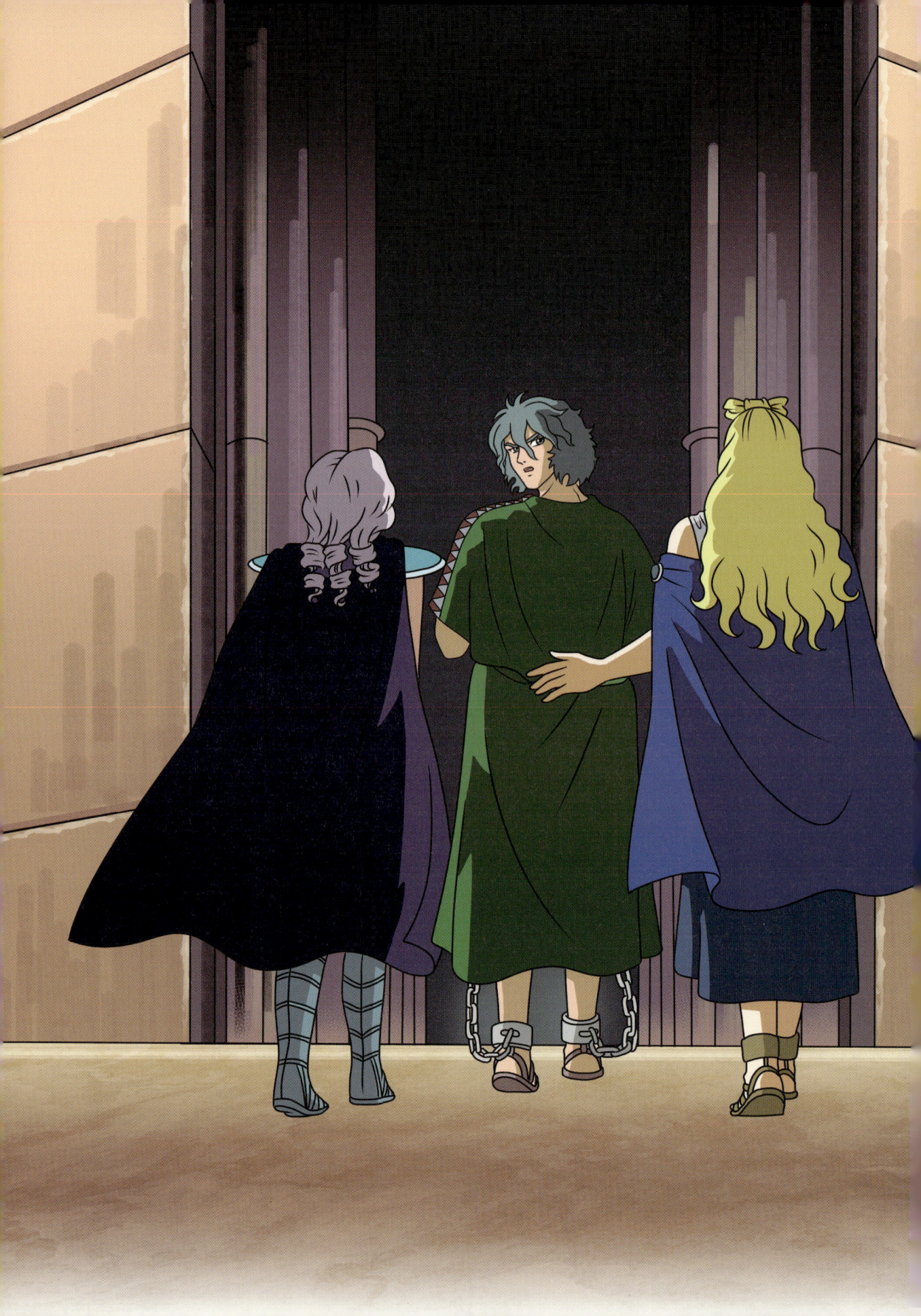

"힘없는 인간들에게 불을 가져다준 것이 그렇게 큰 죄란 말입니까? 어째서 제우스 님은 인간들이 행복해지는 것을 싫어하십니까?"

"불은 신들만 쓸 수 있는 것이다. 게다가 넌 인간들을 나보다 더 아끼고 사랑하지! 저 녀석을 산꼭대기에 영원히 묶어 두어라."

프로메테우스가 끌려가며 소리쳤습니다.

"제우스 님, 남을 지배할 수 있는 당신의 그 힘이 영원하리라고 생각하지 마십시오. 저는 당신의 미래를 알지만 알려 주지 않겠습니다!"

제우스는 고래고래 소리를 질렀습니다.

"뭐야? 괘씸한 녀석. 날마다 독수리를 보내 저 녀석의 간을 쪼아 먹게 해라. 너는 죽지도 못하고 영원히 고통받으리라!"

고통 받는 프로메테우스

바위에 묶여 있는 프로메테우스의 간을 독수리가 쪼아 먹는 장면이에요. 낮에 독수리에게 쪼인 간은 밤이면 다시 회복되었고, 다음 날이면 다시 독수리에게 쪼아 먹혔어요. 이 고통은 위대한 영웅 헤라클레스가 독수리를 죽이고 프로메테우스를 구하기 전까지 끊임없이 되풀이되었답니다.

〈묶여 있는 프로메테우스〉 귀스타브 모로

　프로메테우스는 카우카소스산 꼭대기 바위에 묶였습니다. 날마다 독수리가 날아와 프로메테우스의 간을 쪼아 댔습니다. 프로메테우스는 이루 말할 수 없는 고통에 몸부림쳤습니다.
　인간을 사랑한 죄로 그토록 끔찍한 형벌을 받으면서도 프로메테우스는 자신의 행동을 결코 후회하지 않았습니다. 그런 프로메테우스의 태도에 제우스는 더욱 화가 났습니다. 제우스는 프로메테우스를 벌주는 것만으로는 성이 차지 않았습니다.

"저 교만한 인간들에게도 벌을 내리고 말겠다."

제우스는 이렇게 중얼거렸습니다.

제우스는 인간들에게 과연 어떤 벌을 내리는 것이 좋을지 한참을 생각했습니다. 드디어 제우스가 빙그레 웃었습니다. 좋은 생각이 떠올랐던 것이지요.

"헤파이스토스를 불러오너라."

제우스의 부름에 헤파이스토스가 황급히 달려왔습니다.

"헤파이스토스, 당장 인간 여자를 하나 만들어라."

"예? 인간 여자를요? 무엇에 쓰려고 하십니까?"

제우스는 대답 대신 씩 웃기만 할 뿐이었습니다.

대장간으로 돌아간 헤파이스토스는 즉시 사람을 만들기 시작했습니다. 헤파이스토스는 무엇이든 최고로 만들 줄 아는 기술자였습니다. 인간을 만들어 내는 것은 그리 어려운 일도 아니었지요. 헤파이스토스는 며칠 만에 인간 여자를 하나 만들어 냈습니다.

제우스는 올림포스의 신들을 불러 모았습니다.

"여기 헤파이스토스가 인간 여자를 만들었소. 모두 한 가지씩 선물을 주었으면 하오. 아! 아프로디테는 최고의 아름다움을 선물로 주면 좋겠군."

"그러지요. 자, 그럼 너는 나를 닮아 인간 세상에서 가장 아름다운 여자가 되어라."

아프로디테가 선물을 주고 나자, 이번에는 헤르메스가 나섰습니다.

"그럼 저는 재치 있는 말솜씨를 선물하겠어요."

신들은 차례차례 인간 여자에게 선물을 주었습니다. 데메테르는 모성애를, 헤라는 자존심을, 아폴론은 멋진 노래 솜씨를, 아테나는 손재주를 선물했습니다. 이제 마지막으로 제우스의 차례가 되었습니다.

"나는 너에게 호기심과 이 상자를 주겠다. 하지만 이 상자를 절대 열어서는 안 된다."

이렇게 해서 인간 여자가 탄생하게 되었습니다.

여자의 이름은 판도라로 지어졌습니다.

인류 최초의 여자, 판도라

'판도라'라는 이름은 '모든 것을 받은 자'라는 뜻이에요. 프로메테우스는 처음 인간을 만들 때 남자밖에 만들지 않았어요. 그래서 제우스가 프로메테우스와 인간들을 좀 더 교묘한 방법으로 벌주기 위해 여자를 만들었다고 해요. 하지만 다른 이야기에서는 신들이 판도라에게 아름다운 외모만 주고, 그 밖에는 갖가지 못되고 고약한 성질을 주었다고 전해지기도 해요.

제우스는 헤르메스에게 명령했습니다.

"헤르메스, 판도라를 에피메테우스에게 데려다주거라."

헤르메스는 제우스의 명령에 따라 판도라를 에피메테우스에게 데리고 갔습니다.

"헤르메스, 오랜만이오. 그런데 무슨 일이지요?"

"에피메테우스, 이쪽은 '판도라'라고 합니다. 제우스 님이 당신에게 주는 선물입니다."

'와! 이렇게 아름다울 수가!'
 에피메테우스는 판도라의 아름다운 모습을 보고 첫눈에 반했습니다. 전에 프로메테우스가 제우스로부터 어떤 선물도 받지 말라고 한 말은 까맣게 잊어버리고 말았습니다.

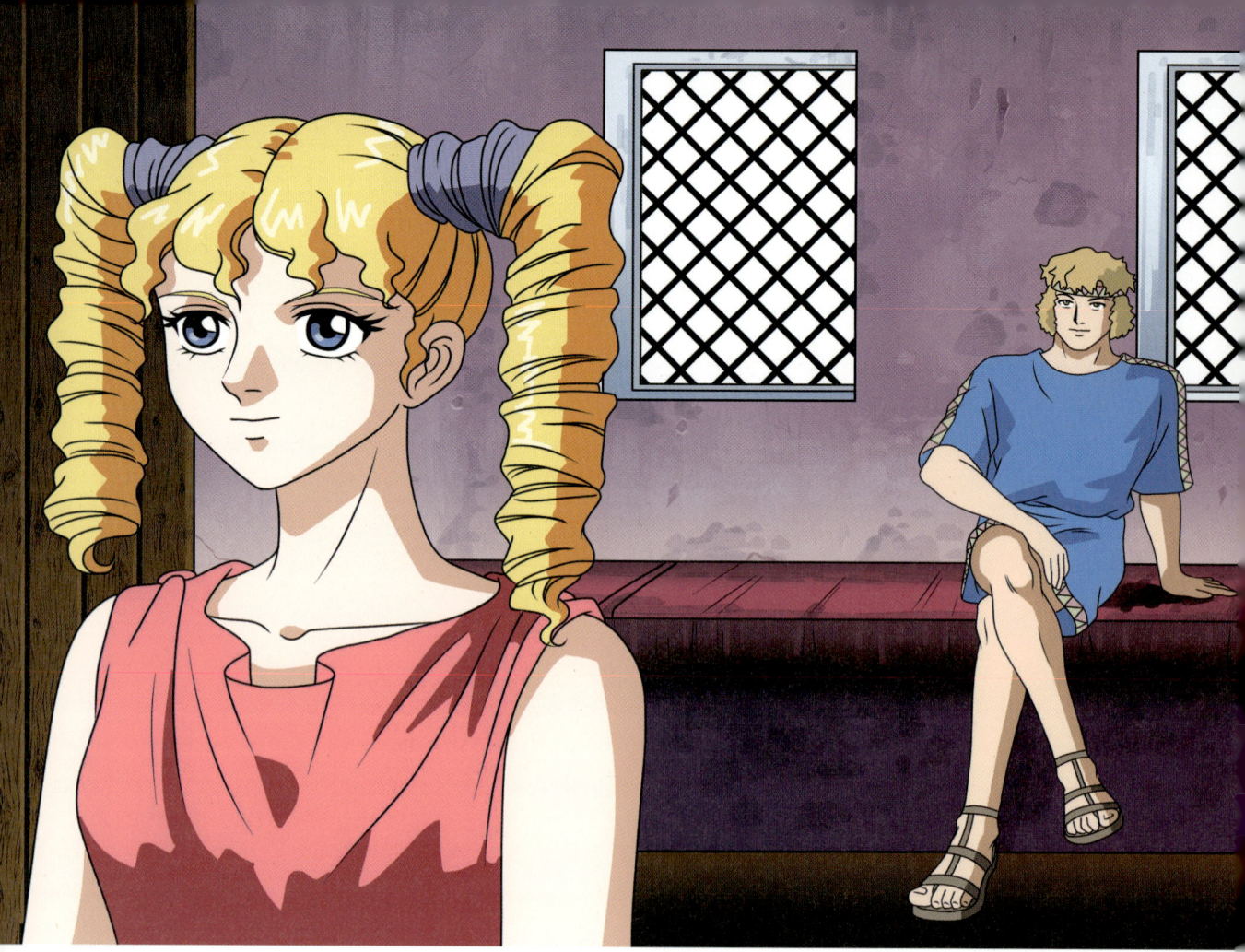

　에피메테우스는 판도라와 결혼하여 행복한 나날을 보냈습니다. 형인 프로메테우스의 말이 떠올라서 가끔 걱정되기도 했지만 아름다운 아내의 미소를 볼 때마다 그 걱정은 봄눈 녹듯 사라지곤 했습니다.
　어느덧 세월이 흘렀습니다. 두 사람은 여전히 행복했습니다. 그러던 어느 날, 판도라는 제우스가 절대로 열어 보지 말라고 했던 상자가 생각났습니다.
　'도대체 그 상자 안에는 뭐가 들어 있을까? 뭐가 들어 있기에 절대로 열어 보지 말라고 한 것일까?'

호기심 많은 판도라는 이런 생각이 날 때마다 그 상자가 열고 싶어 마음이 괴로워졌습니다.

'안 돼. 안 돼! 제우스 님이 절대로 열지 말라고 하셨잖아.'

판도라는 호기심이 솟구칠 때마다 집 밖으로 뛰어나가서 생각을 떨치려고 애썼습니다.

판도라는 한동안 상자에 대해 잊고 지냈습니다. 하지만 문득 상자를 볼 때면 판도라의 마음은 다시 괴로워졌습니다. 판도라가 제우스로부터 받은 것은 상자뿐 아니라 호기심도 있었기 때문입니다. 호기심을 참기란 무척 힘든 일이었지요.

'한 번만 살짝 들여다본다고 무슨 일이 생기겠어?'

하루에도 몇 번씩 판도라는 갈등했습니다.

'아니야 안 돼. 제우스님이 절대로 열어 보지 말라고 했어.'

판도라의 마음속에서는 항상 이 같은 마음들이 나뉘어 서로 싸움을 벌였습니다.

어느 날 판도라는 호기심 때문에 거의 미칠 지경이 되었습니다. 계속 호기심을 억누르자니 병이 날 정도였습니다.

판도라는 결국 부들부들 떨리는 손으로 상자를 꺼냈습니다. 판도라의 심장이 두근대는 소리가 밖에까지 들리는 것만 같았습니다.

"아, 더 이상 못 참겠어. 딱 한 번만 살짝 열어 보자!"

마침내 판도라는 상자를 열고 말았습니다.

쉬이이익.

무서운 소리와 함께 무언가가 상자 안에서 빠져나오기 시작했습니다. 놀란 판도라가 울부짖었습니다.

"아악! 세상에! 내가 무슨 짓을 한 거지?"

상자 안에서 제우스가 인간들을 벌주기 위해 마련한 온갖 재앙들이 튀어나왔습니다. 질병, 가난, 불행, 질투, 미움, 복수 등 인간 세상을 혼란에 빠뜨리고 고통스럽게 할 것들이었습니다.

판도라는 후다닥 일어나서 상자를 부랴부랴 닫았습니다.

하지만 나쁜 것들은 이미 상자 안에서 모조리 빠져나왔습니다. 이때 상자 안에서 마지막까지 빠져나오지 못한 게 하나 있었습니다.

그것은 바로 '희망'이었습니다.

상자를 열고 싶은 판도라

판도라가 상자를 열까 말까 고민하는 모습이에요. 판도라는 제우스가 준 상자를 열어 인간들 사이에 불행을 퍼뜨리고 말았어요. 하지만 인간이 아무리 불행해도 그 불행을 딛고 일어설 수 있는 것은 바로 상자에 마지막까지 남아 있던 '희망' 덕분이지요. 이 이야기에서 '판도라의 상자'라는 말이 생겨났는데, 이 말은 인류의 불행과 희망을 상징하는 말로 유명해요.

〈판도라〉 존 윌리엄 워터하우스

지금까지 평화롭던 세상은 온갖 재앙으로 가득 차게 되었습니다. 사람들은 서로 탓하고, 의심하고, 미워하고 싸우기 시작했습니다.

심지어 서로를 죽이기까지 했습니다.

프로메테우스는 카우카소스산에서 이 모든 인간 세상의 고통을 지켜보았습니다. 그 모습을 보고 있자니, 인간의 행복을 위해 슬프고 끔찍한 고통까지도 참아 내는 자신이 한심하게 느껴졌습니다.

프로메테우스는 눈을 감고 혼자서 중얼거렸습니다.

"어리석은 에피메테우스, 내가 그렇게 경고했건만 내 말을 귀담아 듣지 않다니……."

그런데 그때 어디선가 부드러운 목소리가 들려왔습니다.

"프로메테우스, 고생이 많군요."

프로메테우스는 깜짝 놀라 고개를 들었습니다. 바로 눈앞에 신들의 심부름꾼 헤르메스가 장난스럽게 웃고 있었습니다.

"웬일로 날 찾아온 거요? 제우스가 보냈소?"

"아니에요. 쓸데없는 고생을 하고 있는 당신이 안타까워서 당신을 도와주러 왔어요. 빨리 풀려나서 당신이 그토록 사랑하는 인간들에게 돌아가고 싶지 않나요?"

"쓸데없는 소리 말고 당장 돌아가시오."

"저렇게 불쌍하게 살고 있는 인간들을 봐요. 제우스 님은 자신의 앞날을 무척 궁금해하고 있어요. 당신이 제우스 님의 미래에 대해 알려 주면 내가 가서 당신을 풀어 주라고 설득할게요."

헤르메스의 말에 프로메테우스의 마음도 누그러졌습니다.

"제우스가 사랑하는 테티스 여신이 만약 제우스의 아들을 낳으면, 그 아들은 제우스보다 더 위대한 신이 될 거요."

헤르메스는 프로메테우스의 말을 듣고는 곧장 제우스에게로 날아가 그 말을 전했습니다.

"뭐라고? 그렇다면 테티스를 멀리해야겠군."

사실 제우스는 자신도 크로노스처럼 자식에게 자리를 내주고 쫓겨날까 봐 불안했습니다.

며칠 후 제우스는 아들 헤라클레스를 불러서 이렇게 명령했습니다.

"괘씸하긴 하지만 나의 앞날에 대해 알려 주었으니, 헤라클레스 네가 가서 프로메테우스를 풀어 주어라."

헤라클레스는 곧 카우카소스산으로 갔습니다.

"당신은 누구요?"

프로메테우스가 지친 목소리로 물었습니다.

"나는 헤라클레스라고 합니다. 아버지의 명령으로 당신을 구해 주러 왔습니다."

헤라클레스는 프로메테우스의 간을 쪼아 먹는 독수리에게 독화살을 쏘아 죽였습니다. 그리고 헤파이스토스가 만든 쇠사슬을 끊어 버렸습니다.

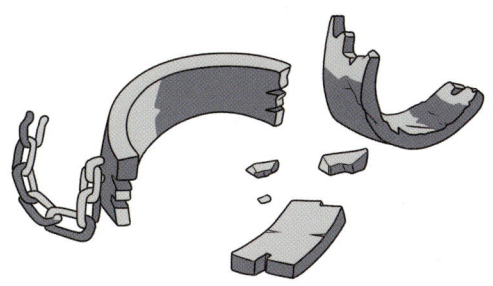

신화 속 최고의 영웅 헤라클레스

제우스와 알크메네의 아들로, 힘이 무척 세고 용맹한 영웅이에요. 태어나기도 전부터 제우스의 부인 헤라의 미움을 받아 힘든 일을 많이 겪었지요. 헤라클레스는 모험을 하면서 인간의 힘으로는 할 수 없는 일들을 많이 해냈어요. 특히 에우리스테우스 왕의 명령으로 수행한 '열두 가지 과제'는 아주 유명하지요. 열두 가지 과제 중에는 괴물 히드라를 물리치는 일, 괴물 게리온의 소와 지하 세계의 개 케르베로스를 산 채로 잡는 일 등이 있었어요.

　오랫동안 묶여 있던 프로메테우스는 땅바닥에 쓰러져서 한동안 일어설 수조차 없었습니다. 하지만 마음은 벌써 사랑하는 인간들 곁으로 달려가고 있었지요.

　프로메테우스는 인간 세상으로 돌아왔지만, 인간들은 여전히 서로 미워하고 질투하고 싸우고 있었습니다. 앞날을 내다볼 수 있는 프로메테우스는 제우스의 벌이 끝나지 않았음을 알았습니다.

'이대로 가다가는 인간들은 사라져 버릴 거야. 제우스가 저렇게 다투는 인간들을 가만둘 리 없지. 무슨 수를 써야 해.'

프로메테우스는 아들 데우칼리온을 불러서 말했습니다.

"데우칼리온, 배를 만들어라. 그리고 그 배 안에 먹을 것을 잔뜩 채워 넣어라."

"아버지, 갑자기 왜 배가 필요한가요?"

"지금 당장은 아니라도 곧 필요할 때가 올 것이다. 그러니 서둘러 배를 만들어라."

데우칼리온은 아내 피라와 함께 배를 만들기 시작했습니다.

의로운 데우칼리온과 피라

데우칼리온은 프로메테우스의 아들이고, 피라는 에피메테우스와 판도라 사이에서 태어난 딸이에요. 신화에 의하면 데우칼리온은 인간들 중에서 가장 바르게 살아온 사람이었고, 피라는 가장 믿음이 깊었다고 해요. 마치 성경에 나오는 노아와 노아의 아내처럼 말이지요. 데우칼리온이 배를 만든 것도 성경 속 노아가 하느님의 명령으로 방주를 만든 것과 비슷합니다.

데우칼리온과 피라가 배를 만드는 것을 보고 사람들은 머리를 갸우뚱했습니다.

"데우칼리온! 물이 어디 있다고 배를 만드는 거냐?"

"아버지께서 만들라고 하셨어요. 언젠가 필요할 거라고요."

데우칼리온의 말에 사람들은 모두 비웃었습니다.

"안됐군. 젊은 나이에 미쳐 버리다니!"

데우칼리온은 아버지가 항상 앞일을 알아맞혔으니 언젠가는 배가 쓸모 있을 거라고 굳게 믿었습니다.

과연 프로메테우스의 생각대로 제우스의 분노는 끝난 것이 아니었습니다.
"감히 신들을 우습게 알고 온갖 나쁜 짓을 저지르다니, 내 직접 인간들에게 큰 벌을 내리겠다!"

제우스는 인간들을 향해 벼락을 던졌습니다. 바다의 신 포세이돈도 합세하여 비를 내렸습니다. 순식간에 엄청나게 많은 비가 내리면서 홍수가 나고, 사람과 동물이 모두 물에 빠져 허우적거렸습니다.

"제발 살려 줘요!"

"도와줘요!"

"사람 살려!"

눈 깜짝할 사이에 인간 세상은 아수라장으로 변했습니다. 벼락과 폭우가 모든 것을 집어삼키고 말았습니다.

이런 상황에서도 오직 두 사람, 데우칼리온과 피라는 위험에서 벗어날 수 있었습니다. 두 사람은 배 안에 들어가 꼼짝 않고 엎드렸습니다. 배가 어찌나 심하게 흔들리는지 일어나고 싶어도 도저히 일어날 수가 없었습니다.

드디어 비가 그쳤는지 밖이 잠잠해졌습니다.

피라가 입을 열었습니다.

"데우칼리온, 비가 그친 것 같아요. 밖으로 나가 봐요!"

데우칼리온과 피라는 조심스레 배 문을 열고 밖으로 나왔습니다. 세상은 아직도 물에 잠겨 있고 저 멀리 파르나소스산만이 물 위로 솟아 있었습니다.

"파르나소스산에 배를 대는 게 좋겠소."

데우칼리온과 피라는 배를 저어 파르나소스산으로 갔습니다.

모든 인간이 물에 휩쓸려 죽었습니다. 이제 세상에 남은 인간이라곤 오직 두 사람뿐이었습니다.

"우리 둘뿐이네요. 앞으로 둘이서만 어떻게 살아가지요?"

피라가 데우칼리온을 보며 눈물을 지었습니다.

그때, 어디선가 목소리가 들려왔습니다.

"데우칼리온과 피라, 나는 테미스 여신이다. 너희가 다시 인간 세상을 일으키고 싶다면 어머니의 뼈를 등 뒤로 던져라."

그리고는 더 이상 목소리가 들려오지 않았습니다.

"어머니의 뼈를 던지라는 말이 도대체 무슨 뜻일까요?"

두 사람은 머리를 맞대고 골똘히 생각했습니다.

"어떻게 어머니의 뼈를 던질 수 있을까요?"

"테미스 여신님이 그러라고 했으니 따를 수밖에요."

"어쩌면 진짜 뼈를 말하는 게 아닐지도 모르오."

두 사람은 생각하고 또 생각했습니다. 한참 후에 데우칼리온이 무릎을 치며 말했습니다.

"어머니는 바로 땅이오. 가이아 여신이 땅을 의미하잖소. 그런데 뼈는 뭐지?"

"음, 그렇다면 뼈는 바로 돌멩이 아닐까요?"

피라의 말에 두 사람은 돌멩이를 잔뜩 주워 앞으로 걸어 나가면서 등 뒤로 하나씩 던지기 시작했습니다.

돌멩이를 던지는 데우칼리온과 피라

프로메테우스는 아들 데우칼리온에게 곧 대홍수가 일어날 걸 알고 일러 주었어요. 대홍수 뒤 인간들을 다시 퍼뜨리기 위해 데우칼리온과 피라가 등 뒤로 돌멩이를 던지고 있어요. 그림 뒤쪽을 자세히 보면, 돌이 점차 사람으로 변해서 신전 안으로 들어가는 모습이 보여요.

〈데우칼리온과 피라〉 안드레아 델 밍가

두 사람이 돌멩이를 던지자 놀라운 일이 일어났습니다. 다시 땅 위에 인간이 생겨난 것입니다. 피라가 던진 돌멩이는 여자로, 데우칼리온이 던진 돌멩이는 남자로 변했지요. 두 사람은 계속 돌멩이를 던졌고, 인간은 점점 더 많이 생겨났습니다. 이렇게 해서 새롭게 태어난 인간들은 또다시 세상을 일구어 나가기 시작했습니다. 데우칼리온과 피라는 새로운 세상에서 새로운 인간들과 함께 희망을 가지고 오래도록 행복하게 살았습니다.

프로메테우스와 판도라

옛날 사람들은 인간들이 여러 가지 이유로 고통을 당해야 하는 것을 이해할 수 없었습니다. 그 질문에 대한 답을 신화에서 찾자면, 그것은 바로 신들의 노여움입니다. 신들의 노여움에는 항상 이유가 있었는데, 그것은 인간의 어리석음과 탐욕 때문이었습니다. 결국 신화는 인간이 받는 고통은 인간 스스로에게서 비롯된 것이라고 말하고 있습니다. 따라서 그 고통을 마땅히 감수하고, 고통에서 벗어나기 위해 스스로 노력할 것을 요구합니다.

인간이 가진 근원적 고통에 대한 물음 외에도 이 신화는 우리에게 남성과 여성의 문제에 대해서도 생각해 보게 합니다.

이 신화뿐 아니라 유대교나 기독교에서도 신들의 노여움을 불러일으키는 것은 유독 여자로 그려집니다. 성경에 나오는 선악과를 따 먹은 이브의 예에서도 볼 수 있습니다.

그럼, 왜 이 모든 불행의 원인을 여성에게로 돌린 것일까요? 많은 학자들의 연구에 따르면 먼 옛날, 인류는 여성을 중심으로 모계 사회를 이루고 살았다고 합니다.

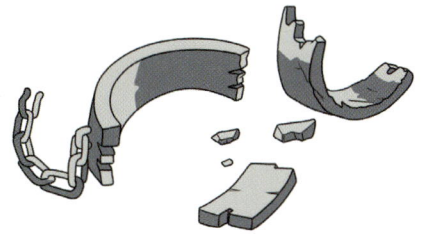

그때에는 당연히 여성의 지위가 남성보다도 높았지요. 하지만 점차 힘이 센 남성들이 사냥을 하고 전쟁을 치르면서 여성보다 더 많은 권력을 갖게 됩니다. 그러면서 자연히 모든 불행의 책임을 여성에게로 돌리고, 신화나 전설도 남성들에게 이롭게 만든 것입니다.

이 이야기는 이렇듯 우리에게 많은 문제에 대해 생각해 보게 합니다. 판도라의 상자 속에 '희망'만이 남았다는 이야기는 아무리 불행이 닥치더라도 희망을 잃지 말라는 메시지 또한 전해 주지요.

신화를 읽을 때에는 이처럼 신화 속에 숨겨진 다양한 의미를 찾고, 그것을 해석하는 능력이 필요합니다.

3장
가장 아름다운 여신

바다의 여신 테티스의 결혼 소식은 올림포스를 들썩이게 만들었습니다. 테티스는 무척 아름답고 마음씨가 고와서 신들의 왕인 제우스조차 반할 정도였지요. 바다의 신 포세이돈도 마찬가지였습니다. 제우스와 포세이돈은 테티스를 두고 경쟁하기도 했습니다.

테티스는 오랫동안 결혼을 하지 못했습니다. 테티스가 낳은 아들이 나중에 아버지를 물리칠 것이라는 예언 때문이었지요. 제우스는 자신도 아버지를 무찌르고 왕이 되었기 때문에, 그 예언이 무척 신경 쓰였습니다. 제우스뿐만 아니라 다른 신들도 선뜻 테티스의 남편이 되겠다고 나서지 못했습니다.

테티스와 펠레우스의 결혼식

코르넬리스가 그린 테티스의 결혼식이에요. 번 존스, 요하임 우테웰 등 많은 화가들이 테티스의 결혼식 장면을 그렸어요. 화려하고 풍요로운 결혼식의 분위기가 표현된 작품입니다. 먹고 마시며 악기를 연주하는 신들 사이에 테티스와 펠레우스의 다정한 모습이 보여요.

〈테티스의 결혼〉 코르넬리스 반 하를렘

그런 테티스가 결혼을 하게 된 것입니다. 남편이 될 펠레우스는 비록 인간이었지만, 잘생기고 용기 있는 남자였습니다. 테티스를 친자식처럼 길렀던 헤라는 결혼식 준비를 위해 바쁘게 움직였습니다.

드디어 결혼식 날이 되었습니다. 신과 인간, 동물, 님프들이 테티스의 결혼을 축하하려고 한자리에 모였습니다. 음악의 신들이 흥겨운 음악을 연주하자 분위기가 한층 무르익었습니다. 모두들 맛있는 음식을 먹고 춤을 추며 결혼식을 즐겼습니다.

"저를 아들처럼 키워 주신 테티스 님, 결혼을 축하합니다."

대장장이 신 헤파이스토스가 축하 인사를 했습니다. 헤파이스토스는 헤라의 아들이었지만, 절름발이로 태어난 까닭에 헤라에게서 버림받았습니다. 그런 헤파이스토스를 테티스가 데려다 길러 준 것입니다.

테티스와 펠레우스의 아들, 아킬레우스

테티스와 펠레우스는 훗날 아킬레우스를 낳았어요. 아킬레우스는 그리스 신화에 나오는 유명한 영웅 가운데 한 사람으로, 전쟁터에 나가면 물러서지 않는 용감한 사람이었지요. 테티스는 아킬레우스가 태어나자 그를 죽지 않는 몸으로 만들기 위해 스틱스강에 담갔어요. 그런데 테티스가 손으로 잡은 발뒤꿈치만 물에 닿지 않아, 이 부분이 치명적인 약점이 되었지요. 결국 아킬레우스는 싸움터에서 발뒤꿈치에 화살을 맞고 죽었답니다.

테티스가 무척 기뻐하며 말했습니다.

"와 줘서 고마워요, 헤파이스토스!"

술의 신 디오니소스는 펠레우스에게 향긋한 포도주를 건넸습니다.

"아름다운 테티스 님을 아내로 맞은 펠레우스 님, 정말 부럽습니다. 결혼 기념으로 최고급 포도주를 준비했습니다."

모두가 결혼식을 즐기는 동안 화가 단단히 난 여신이 하나 있었습니다. 바로 '불화'와 '다툼'의 여신 에리스였습니다. 에리스는 올림포스의 모든 신들 가운데 유일하게 결혼식에 초대받지 못했습니다. 기쁨으로 가득해야 할 결혼식에 다툼이라도 일어나면 큰일이기 때문입니다.

'흥, 나만 빼놓고 결혼식을 즐긴다 이거지. 두고 봐, 이 에리스가 가만있을 줄 알고!'

화가 난 에리스는 조용히 결혼식장에 들어섰습니다. 흥에 겨운 신들은 에리스가 나타난 줄도 몰랐습니다. 에리스는 그 모습에 더욱 화가 났습니다. 에리스는 조용히 식탁으로 다가가 품 안에서 무언가를 꺼냈습니다. 그것은 바로 황금 사과였습니다. 에리스는 황금 사과를 식탁 위에 올려놓고는 차가운 미소를 지으며 사라졌습니다.

"잠깐, 방금 에리스를 본 것 같은데?"

헤라, 아프로디테와 함께 결혼식을 즐기던 아테나가 말했습니다.

불화의 여신 에리스

불화와 다툼의 여신 에리스는 싸움을 좋아해서 어디서든 분쟁을 일으키는 것으로 유명했어요. 올림포스의 신들조차 함부로 하지 못할 정도였지요. 자식으로는 망각의 신 레테, 고통의 신 알고스를 두었어요. 고대 그리스의 시인 헤시오도스는 에리스를 둘로 나누어, 한쪽은 싸움을 조장하는 해로운 신, 다른 한쪽은 선의의 경쟁을 이끄는 이로운 신으로 보았답니다.

"무슨 소리야, 결혼식 날 다툼의 여신이 나타나다니. 설마 테티스가 초대했겠어? 만약 초대하려고 했어도 내가 말렸을 거야."

헤라는 말도 안 된다는 듯 고개를 저었습니다.

"맞아, 심술궂은 에리스가 무슨 일을 꾸밀지 모르지. 에리스는 이곳에 안 오는 게 좋아."

아프로디테도 헤라의 말을 거들었습니다.

"가만, 이게 뭐지?"

그때 아테나가 탁자 한 귀퉁이에서 번쩍거리는 황금 사과를 발견했습니다. 헤라는 재빨리 황금 사과를 집어 들어 살펴보았습니다.

"가만, 여기 뭐라고 쓰여 있는데? 가장 아름다운 여신께 바친다고?"

헤라의 말이 끝나자마자, 아테나가 황금 사과를 향해 손을 뻗었습니다. 아프로디테도 재빨리 황금 사과를 붙잡았습니다.

그러자 헤라가 소리쳤습니다.

"왜들 이래! 이 황금 사과는 신들의 여왕인 나 헤라에게 바치는 거라고!"

아테나도 지지 않고 큰 소리로 외쳤습니다.

"흥, 무슨 소리! 지혜와 용기로 빛나는 이 아테나에게 바치는 것이지!"

"이것 봐, 이 올림포스에서 가장 아름다운 여신은 바로 나라고. 이건 내 거야!"

아프로디테는 한껏 뽐내며 모두 들으라는 듯 큰 소리로 말했습니다.

세 여신은 황금 사과를 두고 으르렁대기 시작했습니다. 흥겨운 결혼식장은 갑작스러운 소동으로 시끌벅적해졌습니다. 결혼식을 즐기던 신들과 신랑 펠레우스, 신부 테티스도 세 여신을 돌아보았습니다.

"펠레우스, 무슨 일이 생겼나 봐요."

테티스가 걱정스러운 표정으로 말했습니다. 흥겨운 연주가 멈추고 이야기를 나누던 신들도 조용해졌습니다. 세 여신이 다투는 소리가 점점 더 커졌습니다.

그 모습을 하늘에서 지켜보던 에리스는 깔깔대며 즐거워했습니다.

"아무리 위대한 여신이라 해도 이 에리스 앞에선 별 수 없지. 이제야 재밌어지는걸? 이런 다툼이 있어야 제맛이지."

에리스는 자신을 빼놓고 결혼식을 즐긴 신들 사이에 다툼이 일어나자 무척 고소해했습니다. 비로소 화가 좀 풀리는 것 같았습니다.

자존심 센 세 여신은 한 치의 양보도 없이 다투었습니다. 신들의 여왕인 헤라와 힘 센 아테나, 그리고 콧대 높은 아프로디테의 팽팽한 기 싸움이 계속되었습니다. 제우스는 물론 다른 신들도 세 여신을 말릴 방법이 없었습니다.

싸움이 쉽게 끝날 것 같지 않자, 헤라는 제우스를 향해 말했습니다.

"제우스, 도무지 이 여신들하고는 대화가 안 돼요. 당신이라면 현명한 판단을 할 수 있겠지요? 자, 이 황금 사과의 주인을 당신이 가려 줘요!"

제우스는 헤라의 말에 깜짝 놀랐습니다. 여신들의 싸움에 끼어들고 싶지 않았기 때문입니다. 만약 아테나나 아프로디테를 선택했다가는 성격이 드센 아내 헤라가 가만있지 않을 테고, 그건 다른 두 여신도 마찬가지였거든요. 선택을 받지 못한 여신들은 두고두고 제우스를 괴롭힐 게 불 보듯 뻔했습니다.

이러지도 저러지도 못하고 한참을 고민하던 제우스는 모든 신들이 자신의 선택을 기다린다는 것을 알았습니다.

"하, 이것 참 어려운 문제요, 헤라. 아무리 생각해도 이 문제는 내가 결정할 일이 아닌 것 같소."

올림포스의 세 여신 헤라, 아테나, 아프로디테

헤라와 아테나, 아프로디테는 올림포스의 여신들 중에서도 가장 위대한 여신들로 손꼽혀요. 우아하고 기품 있는 모습의 헤라와 투구를 쓴 당당한 아테나, 굴곡 있는 아름다운 몸매를 지닌 아프로디테의 특징이 조각상에 잘 드러나 있어요.

〈아프로디테〉 작가 미상

〈헤라〉 마리 레슈친스카

〈작은 올빼미를 든 아테나〉 작가 미상

제우스는 누가 자기 대신 이 곤란한 문제를 해결해 주면 좋겠다고 생각했습니다. 마침 그때 좋은 생각이 떠올랐습니다.

"여신들이여. 가장 아름다운 여신은 가장 아름다운 자가 판단하는 게 맞는 것 같소."

어리둥절해진 헤라가 물었습니다.

"가장 아름다운 자라고요?"

"그렇소, 당장 헤르메스를 시켜 가장 아름다운 자를 찾아오게 해야 겠군. 헤르메스!"

제우스는 전령의 신 헤르메스를 불렀습니다.

"예, 제우스 님. 말씀하신 대로 당장 내려가서 가장 아름다운 자를 찾아오겠습니다."

헤르메스는 인간 세상으로 빠르게 날아갔습니다.

헤르메스는 인간 세상을 샅샅이 뒤졌습니다. 그때 저 멀리 언덕에서 양을 치는 청년이 눈에 띄었습니다. 헤르메스는 단번에 그 청년이 세상에서 가장 아름다운 자라는 걸 알았습니다. 그 청년의 외모는 누가 봐도 아름다웠기 때문입니다. 사실 그 청년은 트로이의 왕자 파리스였습니다. 파리스가 태어났을 때, 예언가들은 장차 파리스가 자라서 트로이를 잿더미로 만들 것이라고 예언했습니다. 그래서 트로이의 왕 프리아모스는 자신의 아들인 파리스를 왕궁에서 멀리 떨어진 들판에 버렸습니다.

파리스와 트로이 전쟁

파리스는 트로이의 왕 프리아모스와 왕비 헤카베의 아들이에요. 헤카베는 파리스를 낳을 때 횃불이 트로이 전체를 활활 태우는 꿈을 꾸었어요. 그 꿈은 트로이의 멸망을 뜻했고, 그래서 파리스는 버려지게 된 거예요. 훗날 파리스는 트로이로 돌아오지만, 철없는 행동으로 나라를 커다란 전쟁의 소용돌이로 몰아넣어요. 그것이 바로 유명한 트로이 전쟁이랍니다. 결국 예언가들의 말이 그대로 이루어진 셈이지요.

버려진 파리스는 들판의 양치기의 손에서 자랐습니다. 그래서 자신이 왕자라는 사실도 모른 채 양을 치며 살아가고 있었던 것입니다. 헤르메스는 곧장 파리스에게 날아갔습니다.

"파리스!"

잠깐 쉬고 있던 파리스는 깜짝 놀랐습니다.

말로만 듣던 헤르메스 신이 눈앞에서 자기를 부르고 있었기 때문입니다.

"나는 전령의 신 헤르메스라고 해. 세상에서 가장 아름다운 자를 찾아 제우스 신의 명령을 전달하는 임무를 맡았지. 내가 보기엔 네가 가장 아름다운 자인 듯하니, 제우스 신의 명령을 전달할게."

파리스는 고개를 갸웃거렸습니다.

"제우스 신의 명령이라고요?"

사과를 받아 든 파리스

사과를 건네받은 파리스의 모습이에요. 부드럽게 고불대는 머리와 적당히 근육이 붙은 몸매가 인상적이지 않나요? 얼굴도 무척 잘생겼어요. 헤르메스가 왜 파리스를 선택했는지 한눈에 알 수 있겠지요?

〈양치기 파리스〉 니콜라 프랑수아 질레

"음. 이제 곧 네 앞에 세 여신이 나타날 거야. 너는 그중에서 가장 아름다운 여신을 선택해야 해. 이 선택은 너의 운명에도 큰 영향을 미칠 테니, 그 점을 명심하라고!"

파리스는 그 말을 듣자 걱정에 사로잡혔습니다. 하지만 한편으로는 무척 재미있을 것 같기도 했습니다.

'내 운명에 큰 영향을 미칠 거라고? 뭔지는 모르겠지만 따분한 양치기 생활보다는 재미있겠지.'

드디어 세 여신이 파리스 앞에 나타났습니다. 진지한 모습의 제우스도 있었습니다. 파리스는 갑작스러운 신들의 등장에 얼떨떨해졌습니다. 하지만 곧 제우스를 알아보고는 재빨리 고개를 숙였습니다.

"자네가 파리스인가?"

"예, 제우스 님. 그런데 제가 해야 할 일이 있다고 들었습니다."

제우스가 입을 열기도 전에 헤라가 나서서 말했습니다.

"그래, 파리스. 너는 나와 아테나, 아프로디테 중에서 가장 아름다운 여신을 골라야 한단다. 보나마나 나를 고를 게 뻔하지만……."

"말도 안 돼요. 가장 아름다운 건 나라고요."

"무슨 소리! 날 선택할 거야."

헤라의 말에 아테나와 아프로디테는 말도 안 되는 소리라며 비웃었습니다. 제우스는 그런 여신들이 지긋지긋하다는 듯 고개를 저으며 말했습니다.

"파리스, 자네가 아주 공정하게 이 문제를 해결해 주길 바라네."

 파리스는 손에 든 황금 사과와 세 여신을 번갈아 쳐다보았습니다. 신들의 여왕답게 헤라는 눈부신 옷을 차려입고 화려한 아름다움을 뽐냈습니다. 갑옷을 두른 아테나는 탄탄한 근육의 아름다움을 자랑하고 있었습니다. 아프로디테는 부드러운 머리카락과 눈부실 만큼 고운 살결로 파리스를 유혹했습니다.

파리스가 보기에 세 여신은 누가 제일이라고 할 수 없을 정도로 모두 아름다웠습니다. 이들 세 여신은 올림포스의 여신들 가운데서도 빼어나게 아름다운 여신들이었기 때문입니다.

'세 분 모두 정말 아름다워. 그런데 제우스 님도 결정하지 못한 것을 내가 어떻게 결정하지? 잘못했다가는 큰 화를 당할 게 뻔한데…….'

파리스는 대답하지 못해 우물쭈물했습니다. 세 여신은 그런 파리스를 불안한 듯 바라보았습니다.

운명을 뒤바꾼 네 개의 사과

역사와 신화에는 인간의 운명을 뒤바꾼 네 개의 사과가 있어요. 첫째는 성경에 나오는 사과로, 선악을 구별하게 해 주는 사과예요. 아담과 이브는 이 사과를 먹지 말라는 신의 명령을 어겨 낙원에서 쫓겨나고, 이로 인해 인간은 많은 특권을 잃게 돼요. 둘째는 스위스의 독립 영웅 빌헬름 텔의 사과예요. 빌헬름 텔은 악독한 오스트리아 총독의 명령에 따라 자기 아들의 머리 위에 있는 사과를 활로 쏘아 맞혀요. 이 사건은 훗날 스위스 독립 운동의 불씨가 되지요. 셋째는 뉴턴의 사과로, 뉴턴은 나무에서 떨어지는 사과를 보고 만유인력 법칙의 실마리를 떠올려요. 이 법칙은 근대 과학의 발전을 가져오지요. 넷째는 파리스의 황금 사과로, 이 사과로 인해 트로이와 그리스의 운명이 뒤바뀌게 된답니다.

"파리스! 정말 답답하군. 이 쉬운 걸 고민하다니……. 난 신들의 여왕 헤라다. 만약 네가 날 선택한다면 그 보답으로 너에게 이런 걸 주지."

헤라는 우물쭈물하는 파리스의 팔을 잡아챈 다음, 파리스의 눈앞을 가리켰습니다. 그러자 놀라운 광경이 펼쳐졌습니다. 웅장한 집들과 화려하게 꾸며진 커다란 궁전이 파리스의 눈앞에 나타난 것입니다. 궁전 안에는 멋진 옷을 차려입고, 수많은 하인들을 거느린 파리스 자신의 멋진 모습도 보였습니다.

"잘 보이느냐, 파리스? 이 모든 걸 너에게 주겠다. 넌 그 누구보다도 힘 있는 부자로 살 수 있고, 아무도 너의 말을 거역하지 못할 거야."

헤라의 말에 파리스는 넋을 잃고 눈앞의 광경을 바라보았습니다.

'내 말에 누구든 복종할 거라고? 믿어지지 않는군. 게다가 더 이상 양을 치지 않아도 먹고 살 걱정은 없겠어! 헤라 여신이라면 그런 보답은 충분히 해 줄 수 있을 거야.'

"잠깐, 파리스!"

파리스가 고개를 돌리자, 그곳에는 아테나가 서 있었습니다.

"남자라면 누구나 한 번쯤은 전쟁에서 승리하는 무적의 영웅을 꿈꾸지. 파리스, 날 선택한다면 널 세상에서 가장 훌륭한 영웅으로 만들어 주겠어."

잠시 뒤, 파리스의 눈앞에 어지러운 전쟁터가 펼쳐졌습니다. 시끄러운 함성이 울리는 가운데 가장 선두에 선 사람은 바로 파리스 자신이었습니다. 파리스는 당당하게 싸움을 승리로 이끌었습니다.

"파리스, 그 어떤 싸움에서도 지지 않을 지혜와 용기, 그리고 행운을 너에게 주겠어. 영광스러운 승리의 기쁨을 죽을 때까지 누리게 해 주지."

파리스는 자신의 이름을 외치며 몰려드는 사람들을 보았습니다.

'영웅이라니, 나 같은 양치기는 상상도 못할 일이잖아. 맞아. 사람들의 존경을 한 몸에 받는 영웅이 되는 것이야말로 최고의 행복일 거야.'

　파리스는 물끄러미 황금 사과를 바라보았습니다.

　그때 어디선가 부드러운 목소리가 들려왔습니다. 바로 아프로디테였습니다.

　"파리스, 부와 권력, 그리고 승리의 기쁨을 누린다 해도, 네가 혼자라면 쓸쓸할 뿐이야. 다 소용없지."

　어느새 파리스의 눈앞에는 시끄러운 전쟁터 대신 평화롭고 아름다운 풍경이 펼쳐졌습니다. 그곳에는 눈부신 아름다움을 자랑하는 여인이 서 있었습니다. 태어나서 지금까지 한 번도 본 적이 없는 엄청난 미인이었습니다.

잔뜩 긴장하고 있던 파리스는 따스하고 편안한 느낌에 휩싸였습니다. 파리스는 세상의 돈과 명예보다도 아름다운 여인의 손길을 한번 느껴 보고 싶었습니다.

"이게 바로 사랑의 힘, 나 아프로디테의 힘이지. 파리스, 날 선택한다면 세상에서 가장 아름다운 여인을 너에게 주마."

파리스는 가슴이 떨렸습니다.

'아아, 저렇게 아름다운 여인과 영원히 함께할 수 있다면……'

파리스는 모든 것이 꿈만 같았습니다. 하지만 헤라, 아테나, 아프로디테 이 세 여신 중 가장 아름다운 여신으로 누구를 선택해야 할지 고민이 되었습니다.

"자, 파리스 이제 선택을 하게."

제우스의 목소리가 들리고, 파리스의 눈앞에는 다시 들판의 풍경이 펼쳐졌습니다. 잔뜩 긴장된 얼굴로 자신을 쳐다보는 세 여신의 모습도 보였습니다. 파리스는 황금 사과를 들고 여신들 앞으로 나아갔습니다.

"선택을 하겠습니다. 이 황금 사과의 주인은……."

세 여신은 모두 간절한 눈빛으로 파리스의 다음 말을 기다렸습니다. 파리스는 무릎을 꿇고 한 여신에게 황금 사과를 바쳤습니다.

"아름다움과 사랑의 여신 아프로디테 님, 바로 당신이 황금 사과의 주인입니다."

파리스의 선택

파리스가 세 여신 가운데 가장 아름다운 여신을 선택하는 이 장면은 수많은 화가들이 그렸어요. 루벤스가 그린 이 그림에는 빨간 망토를 두른 헤르메스와 사과를 건네는 파리스가 보여요. 또 여신들 주변에는 메두사의 목이 달린 아테나의 방패와 아프로디테의 어린 아들 에로스, 그리고 헤라의 공작새가 있어요.

〈파리스의 심판〉 페테르 파울 루벤스

"뭐, 뭐야?"

순간 헤라의 얼굴빛이 사납게 변했습니다. 헤라는 금방이라도 파리스에게 큰 벌을 내릴 것 같았습니다.

"하찮은 인간 주제에 뭐가 어째?"

아테나 또한 쩌렁쩌렁한 목소리로 소리를 질렀습니다. 두 여신의 분노로 분위기는 순식간에 얼어붙었습니다.

"헤라, 아테나. 마음에 들지는 않더라도 이 청년이 스스로 결정한 일이니 받아들이시오."

제우스는 간신히 둘을 타일렀습니다. 헤라와 아테나는 눈빛을 번득이며 파리스를 노려보았습니다.

"파리스, 네가 감히 나를 무시하고 이런 결정을 내렸겠다! 오늘 이 선택을 반드시 후회하게 해 주지. 두고 보라고."

"어리석은 파리스. 나 아테나는 결코 오늘 일을 잊지 않겠다. 앞으로 너를 돌보는 일은 없을 거야!"

헤라와 아테나는 파리스에게 으름장을 놓고 재빨리 사라졌습니다.

"파리스, 너에게 한 약속은 꼭 지키겠다."

아프로디테는 다정한 미소를 지으며 말했습니다.

이렇게 소동은 마무리되었습니다.

신들은 모두 감쪽같이 모습을 감췄고, 파리스는 다시 평범한 양치기로 돌아왔습니다.

과연 아프로디테는 약속대로 파리스에게 가장 아름다운 여인을 주었을까요? 물론입니다.

아프로디테는 그리스 최고의 미녀 헬레네를 파리스와 짝이 되도록 만들어 주었습니다. 하지만 헤라와 아테나도 자신들이 한 말처럼 파리스를 가만 놔두지 않았습니다.

훗날, 사과 하나로 벌어진 이 사건 때문에 트로이와 그리스는 무려 10년에 걸친 전쟁에 휘말리게 됩니다. 헤라와 아테나, 아프로디테까지 편을 갈라 전쟁에 참여합니다. 파리스는 자신이 내린 순간의 선택으로 스스로의 운명은 물론, 역사까지도 바꿔 놓았답니다.

가장 아름다운 여신

신화 뒷이야기

　테티스의 결혼식에 불화의 여신 에리스는 초대받지 못했습니다. 에리스는 세 여신들 사이에 황금 사과를 놓아 다툼을 일으키고 그 다툼은 파리스의 선택으로 끝이 납니다. 이처럼 오늘날에도 사람들 사이에 분열이 생기면 그 원인이 되는 사건을 '불화의 사과'라고 표현합니다.

　하지만 이야기는 여기서 끝이 아닙니다. 파리스의 선택은 트로이 전쟁이라는 엄청난 결과를 불러오게 됩니다. 트로이 전쟁으로 수많은 사람들이 죽고 다치며, 트로이와 그리스 두 나라의 운명이 바뀌게 되지요. 사과 하나 때문에 일어난 이 사건은 그다지 중요해 보이지 않지만, 이 사건이 불씨가 되어 결국 엄청난 결과를 가져옵니다.

　이처럼 신화 속에서는 무심코 일어난 작은 사건이 꼬리를 물고 다른 사건으로 연결되어 전혀 뜻하지 않은 결과로 이어지기도 합니다.

　히아킨토스의 예를 들어 볼까요? 히아킨토스는 뛰어나게 잘생긴 청년으로 아폴론의 사랑을 받습니다. 하지만 히아킨토스를 사랑한 바람의 신 제피로스는 히아킨토스와 아폴론의 다정한 모습에 무척 질투가 났습니다.

　아폴론과 히아킨토스가 원반 던지기 놀이를 하던 날, 제피로스는 바람의 방향을 바꾸어 아폴론의 원반을 빗나가게 만듭니다. 크고 무거운 원반은 원래 방향에서 벗어나 그만 히아킨토스의 머리에 부딪혔고, 히아킨토스는 죽고 말았지요. 단순히 바람의 방향을 바꾼 작은 사건이지만, 뜻하지 않게 그 원반은 자신이 사랑하던 사람을 죽게 만든 것입니다.

　신화는 인간의 삶을 본떠 만든 이야기입니다. 파리스와 히아킨토스의 이야기처럼, 신화는 어떤 일이 일어날지 알 수 없는 것이 인간의 운명이라고 말하고 있습니다.

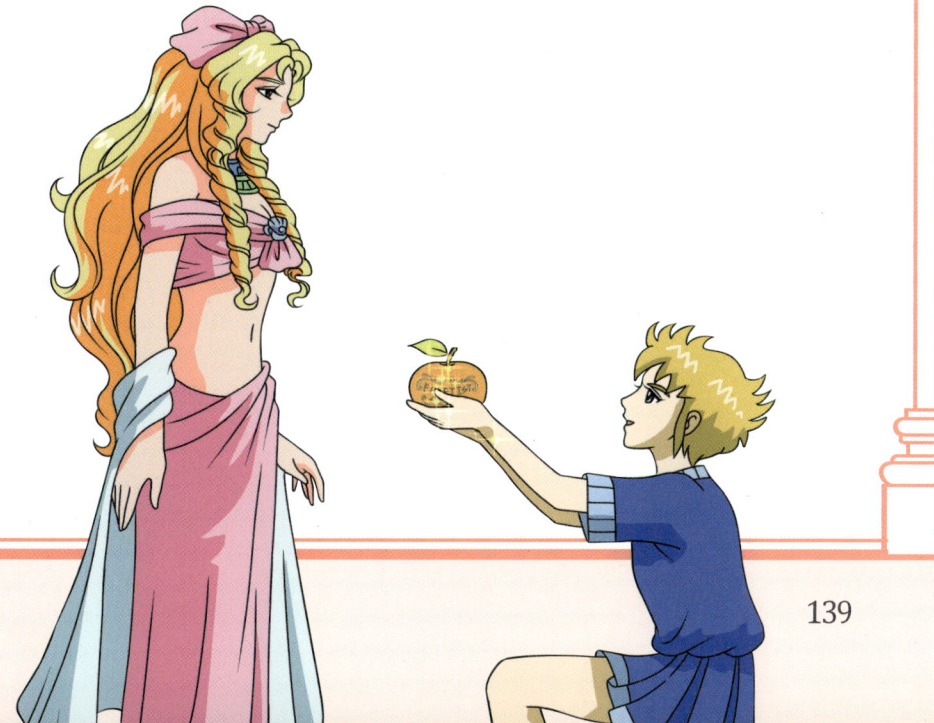

미로 찾기

미로 찾기로
모험을 떠나 보아요!

출발

정답은 맨 뒷장에 있습니다.

도착

나만의 컬러링

'애니메이션 원화'를
예쁘게 색칠해 보아요!

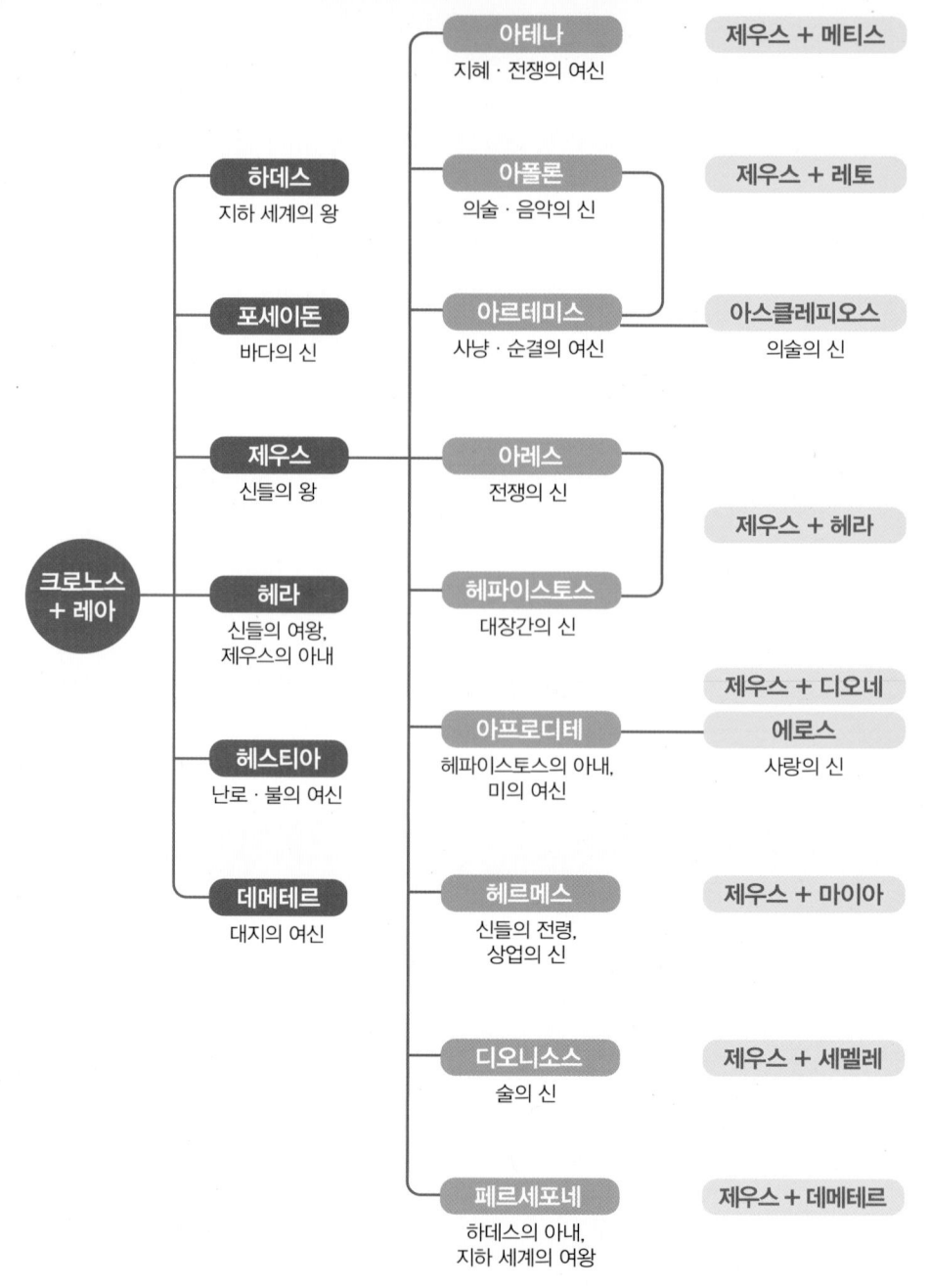

OLYMPUS GUARDIAN

그리스 로마 신화 주요 인물의 이름

그리스어	로마어	영어
가이아	텔루스	
니케	빅토리아	나이키, 빅토리
데메테르	케레스	세레스
디오니소스	바쿠스	바커스
레아	키벨레	시벨레
아레스	마르스	마스
아르테미스	디아나	다이애나
아테나	아테네, 미네르바	
아폴론	아폴로	아폴로
아프로디테	베누스	비너스
에로스	쿠피드, 아모르	큐피드
오디세우스	울릭세스	율리시스
우라노스	카일루스	유러너스
제우스	유피테르	주피터
크로노스	사투르누스	새턴
페르세포네	프로세르피나	
포세이돈	넵투누스	넵튠
하데스	플루톤	플루토
헤라	유노	주노
헤라클레스	헤르쿨레스	허큘리스
헤르메스	메르쿠리우스	머큐리
헤스티아	베스타	
헤파이스토스	불카누스	벌컨

미로 찾기 정답

신들의 세계

초판 1쇄 인쇄 2020년 6월 10일
초판 1쇄 발행 2020년 6월 20일

지음 토마스 불핀치 | **엮음** 주니어RHK 편집부
그림제공 ㈜SBS콘텐츠허브
원작 만화로 보는 그리스 로마 신화(이광진 엮음, 홍은영 그림, 가나출판사)

발행인 양원석 **책임편집** 김민정 **디자인** 강소정
영업마케팅 윤우성, 박소정

펴낸 곳 ㈜알에이치코리아
주소 서울시 금천구 가산디지털2로 53, 20층 (가산동, 한라시그마밸리)
편집문의 02-6443-8872 **도서문의** 02-6443-8800 **팩스** 02-6443-8959
등록 2004년 1월 15일 제2-3726호

ⓒ 올림포스 가디언
ⓒ SBS/SBS콘텐츠허브/가나미디어/동우에이앤이

ISBN 978-89-255-6872-0 (73210)

어린이제품 안전특별법 표시 사항
제품명 도서 | **제조자명** ㈜알에이치코리아 | **제조국명** 대한민국 | **전화번호** 02)6443-8800
주소 서울시 금천구 가산디지털2로 53, 20층(한라시그마밸리)

※ 책값은 뒤표지에 있습니다.
※ 맞춤법과 띄어쓰기는 국립국어원의 기준에 따랐습니다.
※ 잘못된 책은 구입하신 곳에서 바꾸어 드립니다.
△ 책 모서리가 날카로워 다칠 수 있으니 사람을 향해 던지거나 떨어뜨리지 마십시오.

알에이치코리아 홈페이지와 블로그, SNS에서 자사 도서에 대한 더 많은 정보와 이벤트 혜택을 확인할 수 있으며, 전자책도 만나볼 수 있습니다.
홈페이지 http://rhk.co.kr | http://ebook.rhk.co.kr 페이스북 https://www.facebook.com/rhk.co.kr
블로그 http://randomhouse1.blog.me 유튜브 http://www.youtube.com/randomhousekorea
주니어RHK 포스트 https://post.naver.com/junior_rhk 인스타그램 @junior_rhk